Retrouvez nos prochaines parutions, les ouvrages du catalogue et les événements à ne pas rater sur notre site Internet. Vous pourrez également lire des extraits de tous nos livres, recevoir notre lettre d'information et acheter directement les livres qui vous intéressent, en papier et en numérique !

À bientôt sur www.editionsleduc.com

Découvrez également toujours plus d'astuces et de bons conseils malins à : **www.quotidienmalin.com** et **www.facebook.com/QuotidienMalin**.

Maquette : Facompo
Illustrations : Valérie Lancaster

Traduction de Maylis Gillier

Titre de l'éditions anglaise : *How to Improve Your Confidence*
First published in Great Britain in 1994 by Sheldon Press
36 Causton Street, London SW1P 4ST

17, rue du Regard
75006 Paris – France
E-mail : info@editionsleduc.com
ISBN : 978-2-84899-660-8

Dr KENNETH HAMBLY

LES VRAIES CLÉS DE LA CONFIANCE EN SOI

QUOTIDIEN MALIN
ÉDITIONS

Sommaire

Introduction

Les patients que je rencontre en consultation viennent avec des problèmes très divers. Leur mal-être ne relève pas forcément de la médecine. Il est lié à des difficultés d'ordre affectif, psychologique ou social. Ils viennent rechercher une aide dans ces zones de leur vie qui ne les satisfont pas. Il est en particulier un problème qui provoque une angoisse persistante et des désordres qui envahissent tous les aspects de leur vie personnelle : le manque de confiance en soi. Les gens sont convaincus que si leur confiance en eux-mêmes s'améliorait, leurs relations aux autres seraient meilleures, leur travail plus facile, et leur vie tout entière plus épanouie.

En fait, c'est peut-être le seul élément de notre vie que nous voudrions tous voir s'améliorer. Après tout, personne ne peut se targuer d'être à l'aise en toutes circonstances. Personne n'est détendu à cent pour cent de son temps. Chez certains, ce problème ne cause qu'un léger inconfort tandis que pour d'autres, c'est une source de désarroi profond et de maladresse. Cela peut même gâcher une vie entière. Faut-il se résigner avant d'en arriver là ?

La confiance en soi peut être cultivée et améliorée. Nous pouvons tous apprendre à être plus confiants et gagner en estime de nous-mêmes. Si vous avez déjà éprouvé le manque de confiance évoqué ici, ce livre est écrit pour vous.

Certaines personnes naissent confiantes. D'autres sont nées avec un déficit de confiance qui leur fait voir le monde comme hostile et difficile. Certains, qui avaient jusqu'ici profité d'un bon capital de confiance, découvrent soudainement qu'ils ne sont pas aussi confiants qu'ils le pensaient. La confiance en soi peut en effet être perdue à cause de circonstances particulières : un divorce, une maladie psychique ou la perte brutale de son emploi. Beaucoup d'événements de notre vie peuvent déclencher une perte d'estime de nous-mêmes.

La confiance n'est pas toujours égale. À certains moments, nous nous sentons confiants et à d'autres non. Nous pouvons faire face à certaines situations avec confiance et nous sentir dépassés à d'autres moments. La confiance peut être fluctuante. Or, force est cependant de constater que nous sommes entourés de gens sûrs d'eux-mêmes, ou plutôt qui nous semblent l'être. À notre époque, c'est une qualité très appréciée. Dans le monde des affaires, il est impératif d'inspirer confiance. De même, un professeur devant ses élèves se doit d'être sûr de lui. Quelle que soit notre activité, où que nous soyons, il nous faut faire preuve de confiance en soi. C'est devenu une valeur culte de notre société. La popularité d'un James Bond est due sans aucun doute, pour une grande part, à sa maîtrise totale de toutes les situations et à l'éclatante confiance en lui qu'il démontre en toutes circonstances !

La confiance en soi est nécessaire, mais peut-on vraiment l'améliorer ? Peut-on réussir à être plus épanoui ou est-ce juste un rêve inaccessible ?

Oui, la confiance en soi peut être améliorée. Nous pouvons apprendre à être plus confiants. Encore faut-il s'y prendre de la bonne manière et travailler la question. Cela demande des efforts.

Si ces efforts sont bien orientés, nous ferons des progrès énormes en estime de nous-mêmes, ce qui rejaillira sur toute notre personne et nous permettra de mener une vie plus agréable, plus satisfaisante, plus épanouie. Cela vaut le coup de s'y mettre !

Dans les pages qui suivent, je vous indiquerai des moyens d'améliorer votre confiance. Il n'y a vraiment pas de mal à se faire du bien ! Il n'y a aucune raison pour que vous restiez enfermé dans votre gêne et vous sentiez seul et replié sur vous-même. Chacun d'entre nous est doté d'énormes ressources personnelles que nous n'utilisons qu'avec parcimonie. Si vous sentez que vous manquez de confiance en vous, c'est le moment de réagir et de faire quelque chose. Et pourquoi ne pas s'y mettre dès maintenant ?

1

Qu'est-ce que la confiance en soi ?

TOUT LE MONDE ressent le besoin de se sentir plus à l'aise, plus sûr de soi. Comment pourrions-nous définir cette réalité insaisissable qu'est la confiance en soi ? Nous avons tous notre idée là-dessus. Le dictionnaire propose comme synonyme de confiance le mot « aplomb » mais cela ne nous satisfait pas tout à fait. Ce n'est pas de l'aplomb qu'il nous faut. C'est plutôt de l'assurance. **Le but est de savoir se tirer sereinement de n'importe quelle situation.**

La confiance est un élément majeur dans nos relations aux autres. Nous ne voulons pas nous sentir en position d'infériorité. Nous ne voulons nous laisser tyranniser par qui que ce soit. Nous voudrions être ce garçon qui peut demander avec assurance à la fille de son choix de sortir avec lui ou cette fille qui ose porter les vêtements qu'elle aime parce qu'elle a confiance en son propre jugement. Nous voudrions pouvoir entrer dans une pièce remplie de monde et nous dire que nous valons aussi bien que tous ces gens et savoir que c'est vrai.

Quand nous nous rendons au travail, nous voulons pouvoir exploiter tout notre potentiel et ne pas être bridé par des sentiments d'infériorité. Dans une réunion, nous voulons apporter notre contribution au même titre que les autres participants. Nous aimerions nous sentir à l'aise avec nous-mêmes, avec nos collègues et avec le public si cela fait partie de notre travail.

Si nous sommes invités à une réception ou à une fête, nous voulons pouvoir nous amuser sans ressentir de gêne. Nous voulons la confiance en nous-mêmes et en nos capacités. Nous voulons l'expérimenter effectivement, cette confiance.

Tout ceci vous semble peut-être des évidences. Bien sûr que nous voulons tout cela. Et pourtant il y a une grande différence entre vouloir et expérimenter. Et si certains d'entre vous n'en ont encore jamais fait l'expérience, si ce don ne vous a pas été fait au berceau, notre objectif est de vous aider dès aujourd'hui à l'acquérir.

Qui a besoin de confiance en soi ?

Laissez-moi vous présenter quelques personnes que j'ai appris à bien connaître.

MADAME D :
RETRAVAILLER APRÈS AVOIR ÉLEVÉ SES ENFANTS ?

Madame D. est venue me consulter régulièrement pendant quelques mois. C'était une belle femme d'environ quarante ans, maman de deux filles. Elle avait eu un emploi de bureau mais à la naissance de ses filles, s'était arrêtée de travailler pour les élever. Elle se débrouillait très bien et avait une personnalité ouverte et agréable qui inspirait la sympathie. Alors, pourquoi venait-elle me voir ?

En fait, elle avait un problème. Depuis quelques mois, elle avait commencé à souffrir de bouffées d'angoisse. Au début, elle n'y avait pas prêté attention, mais les sensations devinrent de plus en plus gênantes. C'est alors qu'elle décida de venir consulter. Elle n'était pas très sûre que je puisse la soulager mais elle ressentait le besoin d'en parler à quelqu'un.

De fait, les séances lui furent bénéfiques et elle se sentit rapidement mieux. Elle se détendit et nous pensions tous les deux que son problème était derrière elle.

« Pourquoi n'envisageriez-vous pas de retravailler ? » lui demandai-je au cours d'une consultation.

« Retravailler ? » me répliqua-t-elle. « Je ne peux plus maintenant. Peut-être avant que je tombe malade, mais plus maintenant. Ce n'est même pas envisageable ».

« Et pourquoi donc ? » lui dis-je.

→

« Pourquoi donc ? Parce que ma confiance en moi est en ruines, voilà pourquoi. Je pense que je ne pourrai plus jamais retravailler. Sincèrement. Je ne peux plus affronter les gens. Je suis gênée dans un groupe et comme j'ai toujours eu un travail de relations publiques, je ne pourrai plus le supporter. Non, ma carrière est bien finie. »

Madame D. avait donc perdu toute confiance en elle-même. Elle souhaitait en son for intérieur reprendre son travail, ce qui l'aurait certainement aidée, mais elle se jugeait incapable de le faire.

Monsieur J.C. : stressé par la prise de parole en public

Monsieur J.C. est un homme d'affaires bien connu dans la région, grand, légèrement obèse qui paraît à peine cinquante ans. Il avait souhaité me voir et nous étions en train de prendre un café ensemble. Il m'annonce que son club de golf vient de l'élire président. Je le félicite.

« Merci beaucoup » me répond-il. « J'espère que je vais être à la hauteur. »

« Et pourquoi ne le seriez-vous pas ? » répliquai-je, étonné.

« Eh bien... Il y a beaucoup de prise de parole en public, et tout ce genre de choses », me dit-il.

« Cela vous ennuie ? » demandai-je.

« Oh ! Oui. Cela m'ennuie et me fait peur. Je ne me sens plus trop à l'aise pour tout cela. Je stresse. Avant cela ne m'aurait posé aucun problème, mais plus maintenant. C'est comme si j'avais perdu mon assurance. Pourriez-vous m'aider ? »

Pierre F. : « Je suis timide avec les filles »

Pierre a presque vingt ans. C'est le fils d'un de mes amis. Je le connais bien, je l'apprécie et je l'ai toujours considéré comme un jeune homme sociable, compétent et serviable. Il est venu me voir en consultation un jour et m'a révélé qu'il était extrêmement malheureux, ce que je n'aurais jamais soupçonné. Il rencontrait des problèmes de toutes sortes et était absolument désespéré. Nous avons eu une longue conversation et à la fin de cette journée, il nous apparut de façon claire que la vérité était que Pierre souffrait d'une extrême timidité.

« Je suis timide avec les filles » m'expliqua-t-il. « Je n'arrive pas à faire le premier pas vers elles. Je n'ose même pas leur adresser la parole. J'ai l'impression d'être le seul à avoir ce problème. Je ne sais vraiment plus quoi faire. Je me demandais si vous pourriez m'aider ? »

Ainsi Pierre souffrait du même problème que les autres. Le sien était la timidité, sous-tendue par un manque de confiance en lui-même dans les relations vis-à-vis des personnes du sexe opposé. Cela n'a rien de risible et peut rendre un jeune homme très malheureux. Il lui faut bien du courage pour aller discuter de ses problèmes intimes avec un étranger, même si l'étranger en question est un médecin dont c'est le métier de soulager les maux.

Chacun à sa manière avait perdu tout espoir de changer. Ces cas sont loin d'être isolés. Le monde est plein de gens qui pensent manquer de confiance en eux dans un ou plusieurs domaines de leur vie et qui voudraient aller mieux. Or, rien dans la vie n'est figé. La personnalité évolue, les caractères peuvent changer. Il est donc toujours possible de changer en mieux si l'on prend de bonnes dispositions pour cela.

Vous avez peut-être remarqué que les trois personnes que je vous ai présentées sont très différentes et que leurs problèmes sont également différents. Sans doute penseraient-elles que leur problème n'a rien à voir avec celui des autres et en un sens, c'est vrai. Ils ont cependant tous la même racine : un manque de confiance en soi. Cela les affecte différemment bien sûr mais la cause est la même. Si ce problème disparaissait, alors chacun d'entre eux serait libre de vivre une vie plus heureuse et plus épanouie.

Identifier le problème

Le problème est de vaincre ce manque de confiance. Au préalable, il reste encore à régler certains points. Premièrement, nous devons décider si nous voulons vraiment changer les choses ou non ? Après tout rien ne nous y oblige. Une petite dose de timidité peut être très charmante. Le sans-gêne de certaines personnes n'est en rien attirant ! Cependant, il peut arriver que ce manque de confiance aille jusqu'à poser de graves problèmes au travail, dans notre vie en société ou dans notre famille.

Quand on n'aime pas sa façon d'être actuelle, jusqu'où est-on prêt à aller pour en changer ? Jusqu'où peut-on aller et quels résultats peut-on atteindre ? Nous avons vu que les trois personnes mentionnées ci-dessus pouvaient avoir des problèmes différents et des objectifs différents, mais que la solution et les méthodes à utiliser sont pour l'essentiel semblables. Cela tient au fait que derrière chacun de leurs problèmes se cache un manque de confiance.

Nous avons tous entendu tel commentateur sportif s'écrier : « Ce jeune progresse à pas de géant. Il gagne en confiance de jour en jour » ou tel observateur politique remarquer : « Monsieur Jones impressionne davantage à chacun de ses discours. Il gagne en confiance tous les jours ».

On admet donc que la confiance est une qualité qui peut s'améliorer. On admet également que même les gens les plus influents et les plus haut placés peuvent en manquer à leurs débuts mais qu'ils vont s'améliorer avec l'expérience, tout comme le sportif qui s'aguerrit avec de l'entraînement et du temps.

...et s'atteler à la tâche

Chacun d'entre nous a un certain travail à faire. Que ce soit d'être le président d'un club de golf ou simplement de vivre pleinement, la première chose est de décider de ce que l'on veut réussir à faire. Ensuite, il faut décider de la façon de faire pour y arriver.

Que veut-on ?

Voici venu le temps de la décision. Commençons par le début. Quels changements désirons-nous réellement effectuer dans nos vies ? Rappelez-vous que vous ne pouvez pas changer radicalement de caractère. Nous sommes comme nous sommes. Nous ne pouvons pas changer et d'ailleurs le veut-on ? Même les autres ne le souhaitent pas non plus. Nous ne pouvons pas plus changer brutalement de personnalité que nous ne pouvons prendre l'apparence de quelqu'un d'autre. En revanche, nous pouvons chercher à améliorer ce que nous avons, tout comme nous pouvons embellir notre apparence extérieure.

Il faut en premier lieu se choisir un but, et ce but doit être atteignable. Il peut être différent pour chacun d'entre nous. Il est fort probable que vous avez tous au moins un domaine de votre vie où vous vous sentez en confiance. Quelles sont les autres domaines dans lesquels nous voulons acquérir de la confiance ? Ne me dites pas que vous voulez faire partie de l'équipe nationale de football ou devenir président de la République. Fixez-vous des objectifs raisonnables, s'il vous plaît. Vous pourrez toujours être plus ambitieux dans un deuxième temps.

Se fixer un objectif atteignable

Revenons aux trois personnes que nous avons rencontrées tout à l'heure. Le problème de Madame D. était qu'elle souhaitait reprendre son travail mais ne s'en sentait plus capable. Ce n'était pas là son seul problème, certes. Il y avait beaucoup de choses qu'elle aurait aimé réaliser mais qu'elle évitait de faire par manque d'assurance. Elle évitait d'aller faire les courses dans un supermarché, par exemple, car elle n'aimait pas la foule. Cependant, ce qu'elle désirait par dessus tout était de pouvoir retravailler et c'est donc ce que nous avons choisi comme objectif.

Monsieur J.C. était un homme d'affaires capable et compétent. Personne ne se serait douté qu'il manquait de confiance en lui-même mais c'était pourtant vrai dans un petit domaine de sa vie. Il redoutait de prendre la parole en public et ne se sentait pas à l'aise dans cette situation.

→

> Cela allait lui gâcher son année comme président du club de golf. Pour d'autres peut-être, cela n'aurait pas été très important mais pour lui cela l'était.
>
> Monsieur J.C. était un homme d'affaires capable et compétent. Personne ne se serait douté qu'il manquait de confiance en lui-même mais c'était pourtant vrai dans un petit domaine de sa vie. Il redoutait de prendre la parole en public et ne se sentait pas à l'aise dans cette situation.
>
> Cela allait lui gâcher son année comme président du club de golf. Pour d'autres peut-être, cela n'aurait pas été très important mais pour lui cela l'était.
>
> Il avait convoité ce poste de président pendant des années et son problème de confiance allait tout gâcher. Il voulait vraiment réussir à ce poste mais il y avait cette appréhension latente à l'idée qu'il serait peut-être obligé de faire un discours et que ce serait un désastre. Il craquerait devant tout le monde, c'était certain ou bien il serait incapable de prononcer un mot. Son ambition se limitait donc simplement à vouloir réussir à s'exprimer en public avec aisance.
>
> Pierre avait toute la vie devant lui. En particulier, il avait ces années essentielles au cours desquelles les jeunes cherchent l'élu(e) de leur cœur afin de fonder une famille et il était en train de laisser s'échapper ses chances. Et pour couronner le tout, il ne s'amusait pas alors qu'à cet âge il aurait dû faire la fête.
>
> Son manque d'assurance était si important à ses yeux qu'il en était désespéré. Il avait un besoin urgent d'aide afin de pouvoir continuer à vivre sa vie. Et il ne pouvait le faire qu'en retrouvant la confiance qu'il avait perdue.

Toutes ces personnes avaient des attentes réalistes. Elles savaient ce qu'elles voulaient et étaient prêtes à travailler afin d'accomplir leurs objectifs. Et vous, savez-vous ce que vous voulez et êtes-vous prêt à travailler pour atteindre votre but ? Si vous l'êtes, comment allez-vous vous y prendre ?

Comment allez-vous réaliser votre objectif ? Ce n'est pas facile. Il ne sert absolument à rien de se dire « Je vais être plus confiant. Je peux le faire et je le ferai ». Vous ne pouvez pas et vous ne le ferez pas et vous serez démoralisé. Vous ne pouvez pas maîtriser vos pensées, pas plus que vous ne pouvez changer ce que vous êtes.

Il y a une autre manière de s'y prendre – heureusement – en suivant la voie du bon sens. Il n'y a pas de trucs ou de raccourcis, seulement du bon sens et du travail, et avec un peu d'aide vous allez être surpris du résultat que vous obtiendrez en peu de temps…

Vous avez des ressources intérieures que vous n'utilisez pas complètement, comme chacun d'entre nous. Nous ne nous faisons pas justice et nous le savons bien. Nous sommes tous bien plus compétents et plus capables qu'il n'y paraît.

Laissez-moi vous demander d'avoir confiance en une seule chose au moins. Ayez confiance en votre capacité à augmenter votre estime de vous-même. Faites un acte de foi. Croyez que vous pouvez le faire, et vous y arriverez.

2

Pourquoi ce manque de confiance en soi ?

AVANT D'ALLER PLUS LOIN, prenons la peine d'étudier notre problème de plus près. Car c'est dans la mesure où nous cernerons bien le vrai problème que nous pourrons trouver la bonne solution !

Quelles sont les causes du manque de confiance en soi ?

Peut-être est-ce simplement une manière d'être. Certains d'entre nous sont sans doute nés ainsi. Peut-être vous dites-vous qu'il en va ainsi dans la vie. Certains voient les choses sous cet angle. À mon avis, ils ont tort. Faisons une expérience. Choisissez un siège confortable, asseyez-vous et pensez à une situation qui vous met mal à l'aise. Imaginez-vous réellement dans cette situation. Visualisez-la dans votre esprit. Mettez-vous vraiment en situation. Maintenant réfléchissez à ce que vous ressentez physiquement. « Qu'est-ce que je ressens ? » Notez vos sensations par écrit. Votre cœur bat-il la chamade ? Avez-vous la nausée ? Des sueurs ?

Réactions physiques

Si vous avez un minimum d'imagination, vous aurez remarqué que vous ne vous sentez pas très bien ! Vous avez déclenché des symptômes physiques réels simplement par la puissance de votre imagination. C'est un phénomène courant.

UNE ALLERGIE PSYCHOLOGIQUE

Repensez à Monsieur J.C. : son problème était son manque de confiance dans sa capacité à prendre la parole en public. À part ça, il allait bien. Et pourquoi redoutait-il cette situation en particulier ? Ses capacités d'orateur étaient certainement aussi bonnes, voire meilleures, que celles de la plupart d'entre nous. Son problème venait du fait que, dès qu'il se levait pour parler,

→

il se sentait défaillir. Son appréhension était donc tout à fait justifiée.
En outre, Monsieur J.C. savait que la seule pensée d'un discours à prononcer le mettait dans tous ses états. Le simple fait d'y penser était même quelquefois pire que de le faire ! La phase d'anticipation est parfois plus éprouvante que la phase de réalisation.
On pouvait dire la même chose pour Pierre. On aurait pu croire qu'il souffrait d'une allergie aux filles. Le simple fait de leur adresser la parole le rendait malade. Et en un sens c'était bien une forme d'allergie, une « allergie psychologique ».
Quant à Madame M., le travail lui posait un problème et elle se sentait malade et fébrile à l'idée de se retrouver au bureau. Elle en ressentait de réels symptômes physiques.

Si l'on se sent mal à l'idée de se retrouver dans telle ou telle situation, on ne peut pas être en confiance. La confiance est un mot que nous galvaudons à tort et à travers sans prêter attention à sa réelle signification. Si vous vous décrivez comme une personne « pas très confiante », cela peut faire référence à un trait de caractère. Mais ce que vous dites en fait, c'est que vous n'êtes « pas très à l'aise dans un certain nombre de situations ». Vous pourriez également dire que vous ressentez des sensations désagréables dans un certain nombre de situations de la vie courante. La confiance est en effet un état physique autant qu'un état d'esprit. C'est pour cela que vous aurez beau vous répéter des centaines de fois « je vais beaucoup mieux, je vais beaucoup mieux », vous n'arriverez absolument à rien. Vous devez prendre le problème dans son intégralité.

Sans doute percevez-vous mieux maintenant la complexité de ce problème, ainsi que les différents mécanismes qui entraînent telle ou telle réaction ou tel ou tel comportement. C'est en maîtrisant les données du problème que l'on peut trouver des solutions.

Pourquoi moi ?

Qui peut savoir ? Pourquoi sommes-nous ce que nous sommes ? La réponse est complexe. Cela peut être un concours de circonstances. Certaines personnes sont naturellement optimistes, d'autres naturellement pessimistes. Certaines sont éduquées d'une certaine façon, d'autres d'une autre.

Certains font dans leur vie des expériences agréables, d'autres en font de désagréables. Nous apprenons tout le temps. Je veux dire par là que c'est notre corps qui apprend. Notre corps apprend à réagir d'une certaine manière physique, il apprend à éprouver certaines sensations dans certaines occasions – et il apprend également à redouter ces situations. Cela fera l'objet d'un autre chapitre.

Une chose est certaine : il ne sert à rien de fouiller dans notre passé pour déterrer nos vieilles histoires.

Il faut prendre le problème tel qu'il est aujourd'hui, là, maintenant. Le passé est le passé. Oublions-le. Ressasser de vieilles histoires serait en fait réveiller de vieilles blessures. Il faut regarder devant soi, sans se retourner sur son passé.

Gardez bien à l'esprit la chose suivante : la confiance en soi, qu'elle soit absente ou en excès, n'a rien à voir avec vos capacités, ni votre valeur en tant qu'individu. Il s'agit d'un trait de personnalité. Une personne peut être tout aussi charmante qu'elle ait de l'assurance ou qu'elle n'en ait pas. On peut être sympathique ou antipathique, plus ou moins intelligent, quel que soit le degré de confiance en soi que l'on ait. Nous pouvons donc considérer la confiance elle-même, indépendamment du reste, et travailler à en acquérir davantage. C'est ce que je vous propose de faire.

Démêler l'écheveau des problèmes

En essayant de clarifier les problèmes de manque de confiance en soi, on s'aperçoit, aussi paradoxal que cela puisse paraître, que les choses commencent à se compliquer ! Nous voyons apparaître la dimension physique du problème. Ensuite, nous voilà confronté à sa dimension psychique, la façon propre à chacun de comprendre et d'interpréter ces symptômes physique (dimension *cognitive*). Nous connaissons trop bien notre manque de confiance. Nous en sommes conscients, ô combien. Comment allons-nous nous en sortir au travail et en société ? Et quels vont en être les effets à long terme ? Pierre, par exemple, se faisait beaucoup de soucis quant aux conséquences de son manque de confiance en lui sur sa vie sociale et sur sa carrière.

Tout ces éléments, et bien d'autres, doivent être pris en compte. Chacun d'entre nous a le droit d'être heureux et épanoui, ce qui est plus difficile dans le cas qui nous préoccupe. Il ne s'agit pas seulement d'être capable de faire des choses. Il s'agit de pouvoir les faire avec plaisir et sans arrière-pensée. Nous voulons tous être heureux et profiter de la vie. Sans la confiance en soi, le bonheur est en quelque sorte absent de nos vies et tout devient insipide, fade, sans saveur.

Voyons comment nous allons nous y prendre pour résoudre notre problème. Eh bien, tout simplement, comme nous l'avons fait au début, en isolant les éléments du tout. On ne peut pas s'atteler à une tâche si elle est énorme, informe et mal définie. Même si nous connaissons son nom : le manque de confiance en soi, nous devons trouver le moyen, le fil qui va nous conduire vers l'issue. Le maillon faible. Commençons par faire notre autocritique et essayons d'analyser nos difficultés personnelles. Il est indispensable d'être tout à fait honnête avec soi-même. En outre, n'oubliez pas que nous devons nous fixer des objectifs raisonnables !

FAITES VOTRE ANALYSE

- Symptômes physiques. Quels sont-ils ? Comment est-ce que je les ressens ?
- Quelles sont les situations les plus pénibles pour moi ? Pourquoi ?
- Quels genres de personnes me mettent mal à l'aise ? Pourquoi ?
- Quelle est la situation que je voudrais le mieux maîtriser ?
- Dans quelles situations suis-je vraiment à l'aise ?

Puis-je vous suggérer un petit truc ? Prenez un crayon et un papier. C'est fou ce que l'on peut faire avec ces deux ustensiles. Les choses apparaissent beaucoup plus claires et faciles une fois écrites. Vous pouvez regarder vos notes de temps en temps et les corriger en ajoutant ou en retranchant des éléments. Petit à petit, vous avancerez dans votre analyse et les choses se mettront en place les unes par rapport aux autres. Voici quelques pistes pour vous aider :

Vous êtes déjà en train de faire des progrès. Le simple fait de commencer à réfléchir à votre problème plutôt que de l'accepter comme une fatalité montre que vous avez évolué. Mais il y a encore beaucoup de pain sur la planche. Il vous faut non seulement apprendre ce qu'il faut faire mais aussi apprendre à valider vos décisions, à accorder de la valeur à vous-même en toute circonstance. En effet, c'est la bienveillance et la compréhension qui engendrent la confiance en soi.

Alors, que pensez-vous de tout cela ? Vous dites-vous maintenant qu'il y a peut-être une possibilité de faire quelque chose ? De sortir de l'ornière ? Êtes-vous un peu plus optimiste sur la suite des événements ? Je l'espère vraiment parce qu'il y a une issue et que vous avez toutes les chances de vous en sortir et de résoudre ce problème. Cela ne dépend que de vous. Cela exige du travail et des efforts, mais n'en va-t-il pas ainsi dans la vie pour tout ce qui a de la valeur ? Le plus important est de s'y mettre, puis de procéder par étapes.

Avant d'aller plus loin, commencez par écrire quelques lignes sur votre situation personnelle.

3

L'auto-analyse

Qui sommes-nous en réalité ?

L'auto-analyse est une activité qui peut devenir envahissante. Il ne faut pas en abuser si l'on veut rester constructif et efficace. Cependant, il est indéniable que l'épanouissement personnel passe par une meilleure compréhension de soi-même.

Vous avez enclenché ce processus en initiant une sérieuse introspection. Peut-être avez-vous déjà réuni quelques notes. Quelles ont été vos découvertes au cours de ce voyage intérieur ? Répondez avec sincérité. En effet, on peut arriver à tromper les autres mais il est malsain de se leurrer soi-même. L'heure n'est pas au mensonge.

En général, on a une idée très juste de soi-même. C'est évident. Regardez, par exemple, qui l'on choisit en se mariant. Il est surprenant de voir que souvent on épouse la personne qui correspond exactement à ce dont on a besoin ! Les hommes n'épousent pas du tout la femme de leurs rêves. Ils se connaissent bien et, d'instinct, ils choisissent la femme qui leur convient. Notre but en ce moment est d'être vraiment en accord avec notre personnalité.

Jetons un œil sur vos notes. Vous avez mis sur le papier quelques informations concernant votre problème personnel, ce qui vous préoccupe. Vous avez réfléchi aux situations qui suscitent en vous des sensations désagréables. Appelons-les, comme le font les médecins, des symptômes. Bien sûr, ces symptômes ne sont pas obligatoirement ressentis par tout le monde. Ils sont cependant le lot de tous ceux qui ont l'impression de manquer de confiance en eux.

Les symptômes

Imaginez que vous êtes en réunion. Peut-être n'êtes-vous pas un fan de réunions et redoutez-vous que l'on vous demande un compte rendu ou un rapport. Pour beaucoup, cela ne pose pas de problème mais pour vous, c'est vraiment une source de tension. Vous éprouvez donc un malaise physique et vous avez le trac. Vous ressentez quelques-uns de ces symptômes : peur, diarrhée, transpiration, étourdissements, palpitations, crampes ou même panique.

Pourquoi éprouvez-vous ces symptômes ? C'est simplissime. Votre corps s'est habitué à réagir au stress et vous vous sentez en situation de stress. Le mécanisme qui provoque ces symptômes est bien connu des médecins et il est lié à la production par votre organisme d'une substance appelée l'adrénaline. Cette substance stimule votre système nerveux. Venir à bout de ces symptômes fera partie de votre traitement et nous en reparlerons ultérieurement. Ces symptômes envahissants et déprimants sont, est-il besoin de le dire, particulièrement dévastateurs pour votre mental.

Les situations

Le manque de confiance est sélectif. On peut, certes, manquer de confiance en soi en général et se sentir encore plus désemparé dans certaines situations particulières. Il est possible que ce soit en relation avec des expériences désagréables vécues dans le passé ou bien que ce soient les symptômes eux-mêmes qui nous aient été plus pénibles encore. Mais quelle qu'en soit la cause, ce qui nous intéresse, c'est la conséquence, l'effet de ces symptômes.

Souvent, l'occasion sera suscitée par une petite assemblée ou bien un endroit confiné, sans échappatoire ou issue facile, qui nous oblige à nous frotter à des gens qui nous font peur. Ou bien ce sera une occasion où l'on est en présence de personnes du sexe opposé. Le lieu n'est pas ce que nous devons retenir. Ce qui est important, c'est de repérer le phénomène. Nous y reviendrons plus tard.

Les autres

Notre manque de confiance en nous est lié en grande partie à nos relations aux autres. Il existe toutes sortes de relations difficiles. On peut très bien avoir des problèmes avec son patron ou avec sa petite amie, aussi bien qu'avec le serveur du restaurant ou le coiffeur. Ce n'est pas la personne elle-même qui compte, c'est la qualité de l'échange que nous avons avec elle. On pourrait même dire que moins la personne est importante pour nous, plus cette difficulté à gérer la relation avec elle peut être perturbante. Nous y reviendrons plus loin.

Que souhaitez-vous réussir dans votre vie ?

Qu'aimeriez-vous vraiment pouvoir faire non seulement correctement, mais également sans effort et avec plaisir ? Si vous avez déjà pris des notes là-dessus, vous avez trouvé votre objectif. Être capable de faire avec joie ce qui vous rebutait auparavant est votre but. Soulignez-le en rouge pour ne pas l'oublier.

Trouvez votre point fort

Nous avons tous un point fort, un talent quelconque. Reconnaissez que nous avons tous au moins une qualité, même bien cachée ! En fait, les timides sont souvent très doués mais leurs talents sont restés dans l'ombre. Il est donc vital pour eux de surmonter leur manque de confiance s'ils veulent que leur point fort apparaisse au grand jour. Mettre en valeur son talent sera donc un premier pas. Nous devons nous appuyer sur notre point fort. Quand vous l'aurez trouvé, notez-le dans la colonne des *plus* et soulignez-le en rouge.

L'image que l'on donne de soi

L'image que l'on donne de soi est importante. Je ne veux pas faire avec vous une opération de marketing comme si vous étiez un produit de supermarché, non, je vous parle de votre apparence, de l'effet que vous faites sur les autres. Il s'agit de ce que les autres voient, de ce que vous leur donnez à voir. La personne que les autres voient est-elle vraiment vous ? Un petit peu vous seulement ? Vous comprenez bien que pour les autres, nous sommes ce qu'ils voient. Êtes-vous fidèle à vous même sur ce plan ? C'est un point très important.

Nous savons bien que si nous donnons l'image d'une personne compétente et à l'aise, les gens auront une bonne impression de nous et, par ricochet, nous nous sentirons confiants. Nous n'avons alors plus besoin de nous échiner à prouver notre valeur. Il suffit d'être soi-même.

Il peut arriver que l'on donne une fausse image de soi, une image déformée qui ne reflète pas la réalité. Nous nous laissons envahir par un trouble qui est visible et qui nous fait du tort.

Vous avez maintenant une meilleure perception de ce qui se passe en vous. Vous savez ce que vous êtes, ce que vous voulez vraiment être. Il y a encore un petit fossé à franchir entre les deux pour que vous puissiez présenter aux autres votre véritable visage. Comment résoudre ce problème ?

Le problème est que l'image que l'on donne de soi ne correspond pas toujours à ce que l'on est en vérité. Il arrive même que celle-ci soit complètement aux antipodes de l'image que nous souhaitons donner. Cependant, il faut reconnaître que pour quelqu'un d'extérieur il est très difficile de déceler la vraie personnalité derrière l'apparence. Il n'a pas d'autre moyen pour se faire une opinion.

Le jeu du miroir

Commencez par procéder à un examen attentif de votre manière de vous présenter aux autres, de votre apparence vue de l'extérieur. Le meilleur moyen pour cela est de vous regarder dans la glace !

Tout ceci est très sérieux. Jusqu'ici dans votre recherche, vous avez utilisé un crayon et un papier. Maintenant, vous allez aussi utiliser un miroir. Si vous voulez savoir comment les autres vous voient, mettez-vous à leur place et regardez-vous objectivement.

Vous êtes devant votre glace. Observez-vous. Donnez-vous l'impression d'être plutôt à l'aise, détendu, serein ? Avez-vous un air avenant ou une expression crispée ? Si vous correspondez au deuxième cas, nous allons tenter une expérience amusante : vous allez vous entraîner à changer l'expression de votre visage, et même de votre corps. Ne craignez rien, personne ne vous regarde. Commencez par le visage, prenez un air détendu. Ensuite votre posture générale : le buste doit être bien droit. Maintenant faites quelques pas, l'allure dégagée. Relaxez-vous. Vous sentez-vous mieux ? Recommencez autant que vous voulez.

Personne ne vous écoute, alors passons à l'étape suivante : **l'élocution**. Adressez-vous quelques mots comme si vous parliez à quelqu'un d'autre et observez vos expressions. Si vous avez l'impression de devenir gâteux rappelez-vous que ceci est un exercice ! Que remarquez-vous dans votre manière de parler ? Êtes-vous souriant ou grimacez-vous ? Vous agitez-vous dans tous les sens ou parlez-vous d'une manière posée et claire ? Entraînez-vous à marcher, à bouger et à parler posément. Détendez-vous.

Maintenant, passons à **votre façon de vous habiller**. Je suis sûr que cela ne vous pose pas de problème à vous mais avez-vous réfléchi à ce que peuvent en penser les autres ? Le style de vos vêtements est très important pour renseigner les autres sur vous même. Il en est de même d'ailleurs de votre manière de vous coiffer. Ce sont des indications que vous donnez aux autres. Votre façon de vous habiller est très révélatrice. Et votre objectif est de réconcilier votre image extérieure avec votre personnalité véritable. Est-ce que vos vêtements correspondent à cette personnalité ? Donnez-vous aux autres des indications justes ?

Étudiez votre posture. Regardez comment vous vous tenez. Avez-vous la tête droite ou bien penchée comme pour vous excuser ? Les épaules voûtées ? Regardez-vous les gens dans les yeux ou bien évitez-vous de croiser leur regard ? À ce stade nous sommes encore en phase d'analyse, d'observation des éléments. C'est un processus qui peut être un peu désagréable, douloureux, car cela vous oblige à regarder en face des choses qui ne vous plaisent pas. Mais grâce à cette méthode, vous allez peut-être prendre conscience que vous pouvez vraiment vivre mieux. C'est en procédant par petites touches que vous arriverez à ébrécher le mur de protection que vous avez édifié pour protéger votre manque de confiance en vous. La moindre petite amélioration compte.

Je ne vous demande évidemment pas de changer radicalement d'apparence extérieure. Ce serait catastrophique ! Il est clair que notre tenue vestimentaire découle en grande partie de notre tempérament ou bien de notre état d'esprit et vous n'avez pas encore évolué sur ces questions. Un changement soudain serait malvenu. Cependant, le moment est venu de noter ce qu'il serait judicieux de travailler : l'attitude générale, la façon de marcher, de s'habiller et éventuellement le maquillage, pour une femme.

Ce faisant, ayez pour vous-même un brin d'indulgence. Accordez-vous une petite récompense, vous avez déjà changé un peu. Rien que la démarche que vous avez faite en achetant ce livre témoigne de votre désir de changer. L'auto-analyse à laquelle vous vous êtes livré jusqu'ici vous a déjà transformé, si peu soit-il. On dit que la prise de conscience d'un phénomène le fait évoluer et c'est exactement ce que vous avez fait. Vous avez étudié votre manque de confiance et vous avez progressé. Que pouvez-vous faire dorénavant, concrètement, à partir de cet acquis ?

Faites donc un petit changement dans votre look. J'ai dit un petit, pas un énorme, pas une nouvelle coupe de cheveux ! Abandonnez vos mocassins, essayez les chaussures avec des talons si vous êtes une femme ou bien laissez tomber la casquette pour une écharpe branchée si vous êtes un homme. Achetez-vous un vêtement à la mode ou une fantaisie qui vous plaît.

N'hésitez pas à demander conseil à votre entourage. Ils vous diront ce qu'ils aimeraient vous voir porter si vous leur posez la question. Et, surtout, demandez-vous ce que *vous* aimeriez changer pour mieux correspondre à la personne que vous êtes vraiment.

Maintenant, retournez à votre miroir et admirez-vous. Regardez-vous bien, êtes-vous content de vous-même ? Cela valait-il le coup de faire un effort pour mieux correspondre à la personne que vous voulez être ? Je pense que oui, vous avez commencé à changer. Vous avez fait un petit pas, un tout petit pas, mais ce qui compte, c'est ce changement qui a une force d'entraînement. Car, vous venez d'initier là un processus qui va se développer de lui-même, de plus en plus rapidement… un petit pas pour vous, un grand pas pour votre humanité !

4

Relaxation

TOUT LE MONDE AIMERAIT BIEN, c'est certain, avoir l'air détendu et à l'aise. On se dit que quand les autres *pensent* que nous le sommes, cela rejaillit *effectivement* sur notre comportement. Nous tombons là dans un cercle vicieux. À l'inverse, il suffit d'être sur les nerfs pour que cela se répercute sur notre façon d'être, ce qui crée un malaise dans notre entourage. Cela nous énerve encore plus et la situation empire. Nous devons casser cette spirale. Ce n'est pas facile mais c'est possible à condition de s'y prendre de la bonne manière.

Cependant nous devons nous rappeler une chose. Souvenez-vous, nous avons dit que certaines situations nous mettent mal à l'aise. La tension nerveuse provoque des symptômes physiques. Le stress provoque des poussées d'adrénaline désagréables. Notre corps commence à nous tirailler au niveau de la nuque ou des épaules. Ou bien nous avons l'impression de suffoquer, de manquer d'air. Il est impératif d'apprendre à se relaxer. Comment être serein, paisible et souriant quand on souffre physiquement. Le physique doit aller de pair avec le mental.

Pourquoi sommes-nous tendus ?

C'est une question complexe. Pour simplifier, je dirais que nous sommes victimes d'un apprentissage inconscient. Notre corps a appris à se contracter sans que nous en ayons conscience. Ce processus peut prendre plusieurs années. Certaines situations provoquent des réactions de tension. Le corps se met à sécréter un excès d'adrénaline, ce dont on ne prend conscience qu'avec retard quand les symptômes se manifestent. Ensuite s'enclenche la spirale infernale. Plus vous produisez d'adrénaline, plus vous êtes crispé et plus vous vous crispez, plus vous sécrétez d'adrénaline.

Crises de panique et hyperventilation

Les crises de panique sont liées à la surproduction d'adrénaline et il n'y a rien de plus dommageable pour la confiance en soi. Ses accès provoquent entre autres une transpiration abondante et des palpitations cardiaques. C'est un malaise très pénible qui dure quelques secondes, puis disparaît. S'il est fort désagréable, il est sans danger pour la santé, mais est dommageable pour la confiance en soi. Vous n'avez aucun souci à vous faire sur le plan physique.

Un autre phénomène très désagréable arrive quand la respiration devient bruyante, quelquefois à votre insu. Il s'agit de l'hyperventilation. Les muscles se contractent, ce qui est très gênant vis-à-vis des autres. D'autres sensations désagréables, dont nous avons déjà parlé, peuvent aussi se produire. Toutes ces manifestations, quelle qu'en soit la cause, surviennent en cas de stress. Vous ne les avez peut-être pas perçues complètement mais si vous preniez le temps de faire une pause pour écouter ce que votre corps vous dit, vous prendriez vraiment conscience des signes physiologiques qui accompagnent cette sensation d'inconfort. En fait, l'impression de malaise est presque toujours la conséquence d'une cause physiologique.

Rassurez-vous. Le fait de comprendre ce qui se passe au niveau de son corps permet de trouver ce que l'on peut faire pour maîtriser ces phénomènes. Nous avons donc là une piste pour aborder le problème. Voilà la brèche par laquelle on peut attaquer le système de défense qui sape la confiance en soi.

Comment éviter ces manifestations

Vous devez vous *entraîner* à la relaxation. C'est aussi simple que cela. Simple mais pas évident. Cela représente beaucoup de travail mais on peut y arriver. Il faut tout d'abord apprendre à contrôler sa respiration. Il existe des techniques spécifiques pour apprendre à maîtriser la respiration et à se relaxer. L'apprentissage exige d'y consacrer du temps et vous demandera des semaines d'efforts intenses. Mais quand vous aurez atteint votre but, cela vous sera utile tout au long de votre vie. Le jeu en vaut la chandelle !

Il existe également d'autres types d'exercices de relaxation que ceux que je vais vous indiquer. Les exercices de yoga, ou ceux qui sont destinés aux futures mamans, par exemple, sont excellents. L'essentiel est d'apprendre à se relaxer d'une façon ou d'une autre. Les exercices qui suivent sont aussi valables que d'autres. Je les ai testés personnellement avec succès sur beaucoup de mes patients.

Exercices de relaxation

Pour apprendre à se relaxer, il faut commencer par être au calme, dans un endroit paisible. Choisissez une pièce isolée et bien chauffée avec un fauteuil confortable voire un lit. Prévoyez vingt minutes par jour. Méfiez-vous, ce n'est pas aussi facile que cela en a l'air. Vous aurez toujours des tas d'autres choses intéressantes à faire. Mais tenez bon, car c'est important.

Asseyez-vous dans le fauteuil et installez-vous confortablement. On ne peut pas se relaxer si l'on a froid. Assurez-vous donc que la température de la pièce est suffisante. Vos bras, votre dos et votre tête doivent être bien calés. Respirez calmement et régulièrement. Détendez-vous le plus possible.

Vous pouvez maintenant commencer les exercices. Il faut dénouer les muscles qui sont tendus. Commencez par la main droite. Serrez votre poignet, tenez quelques minutes, pas trop fort, puis relâchez-le rapidement et soudainement. La sensation de détente envahit votre main et remonte le long de votre bras jusqu'à l'épaule. Prenez le temps de profiter pleinement de cette sensation. Faites une pause en respirant doucement.

Répétez le même exercice avec le bras gauche. Serrez et relâchez. Laissez-vous envahir par la sensation de détente, par cette chaleur bienfaisante. Respirez calmement et régulièrement.

Maintenant, passez aux épaules. Vous avez peut-être tendance à stresser quand vous sentez vos épaules se contracter, douloureusement parfois. Levez vos épaules et tenez quelques minutes. Vous sentez comme tous les muscles se contractent au niveau des épaules et du cou. Tenez encore un peu. Lâchez d'un coup et voyez comment la sensation de détente se propage tout le long des épaules et du cou. Respirez tranquillement un moment.

Ensuite, penchez la nuque en arrière jusqu'à ce que vous sentiez vos muscles se raidir. Le cou est souvent le refuge de nos tensions et cet exercice peut être assez désagréable. Maintenez la pression. Relâchez rapidement. Sentez comme les muscles se relâchent dans votre cou et vos épaules. Respirez.

Passez enfin au visage, aux muscles faciaux. Serrez les dents et froncez vos sourcils. Tenez bon. Relâchez. Tout en respirant calmement, laissez toute la partie haute de votre corps se détendre agréablement.

La prochaine étape va concerner le reste de votre corps. Contractez vos muscles abdominaux. Rentrer l'estomac le plus possible. Tenez dans cette position quelques minutes et relâchez. De nouveau, laissez vos muscles se détendre en même temps que vous respirez lentement.

Ensuite, vous allez appuyer vos doigts de pied fortement contre le sol comme si vous vouliez vous y enfoncer, ce qui aura pour effet de contracter vos jambes. N'allez pas jusqu'à la crampe mais il faut que vous sentiez bien tous vos muscles se raidir. Relâchez brusquement la pression et, comme pour les autres exercices, laissez-vous envahir par la vague de relaxation. Votre corps tout entier est maintenant complètement détendu.

Vous allez maintenant vous occuper de votre respiration. Concentrez-vous car il faut que vous appreniez à ralentir votre rythme jusqu'à six inspirations par minute. Respirez doucement et régulièrement. La respiration contribue largement à une bonne relaxation. Continuez à respirer lentement tout en restant complètement détendu.

Pensez à des choses agréables, imaginez un paysage merveilleux qui incite au repos, comme un vallon en fleurs ou une plage déserte… Laissez libre cours à votre imagination pourvu que cela vous calme et vous apaise profondément. Attention, la relaxation est un art qui demande de l'expérience.

Aussi ne vous attendez pas à des résultats idylliques immédiatement, surtout si vous êtes d'un tempérament très stressé. Vous saurez que vous êtes arrivé au but sans avoir besoin qu'on vous le dise. C'est un état bien agréable pour une personne stressée. Vous vous sentirez léger, serein et calme de la pointe des cheveux jusqu'aux orteils ! À la fin de la séance, il vous suffira de compter jusqu'à trois pour revenir dans le monde réel.

Si vous avez du mal à faire ces exercices, enregistrez la marche à suivre sur une cassette, en respectant la durée de chaque exercice. Ensuite, vous n'aurez qu'à suivre les indications de votre propre voix pendant vingt minutes.

Exercices de respiration

En général nous respirons trop fort et trop vite ce qui entraîne une émission de dioxyde de carbone trop importante qui provoque des spasmes musculaires. En fait, une mauvaise respiration entraîne un stress musculaire. Il faut donc apprendre à contrôler sa respiration de la même manière que nous avons appris à détendre nos muscles.

Comment allons-nous nous y prendre ? Normalement, en état de repos, nous n'utilisons pas du tout les muscles de la poitrine pour respirer, aussi surprenant que cela paraisse. Quand vous regardez la télévision vos muscles du torse sont pratiquement au repos. Nous utilisons les muscles du ventre et du diaphragme pour respirer. Si vous utilisez les muscles de la poitrine, si vous poussez souvent des soupirs, vous êtes dans l'erreur. C'est une habitude que vous avez acquise progressivement, sans vous en rendre compte. Il faut corriger cela.

Vous allez vous corriger de cette mauvaise habitude en faisant des exercices. Profitez des moments où vous regardez la télévision pour le faire. Placez une main sur votre poitrine, et une main sur votre ventre. La main qui doit bouger est celle qui est sur votre ventre, pas l'autre. Si celle qui est sur votre poitrine bouge, alors appliquez-vous à relâcher les muscles de votre poitrine tout en activant ceux du ventre. Restez dans cette position un moment tout en pensant également à maîtriser votre respiration en même temps. Faites ceci aussi longtemps que nécessaire mais n'abusez pas. Votre respiration va se corriger toute seule au fur et à mesure.

Bien appliquer la méthode

C'est une chose de se relaxer et de respirer calmement dans l'intimité et c'en est une autre de le faire à l'extérieur de chez soi, quand c'est nécessaire. L'apprentissage est long et difficile. Votre objectif est de pouvoir vous sentir bien en public en toutes circonstances. Vous voulez non seulement vous sentir à l'aise mais aussi donner l'impression d'une personne confiante en elle-même. C'est le but de ce livre.

Il faut bien commencer par le commencement. Et c'est chez vous que vous commencez, dans l'intimité de votre chambre, puis devant la télévision. Ensuite, vous ferez des essais au bureau ou dans l'autobus, peu importe.

L'avantage de la méthode consiste à repérer tôt les signes de stress et à réagir avant qu'il ne soit trop tard. Vous n'avez pas besoin de refaire à chaque fois la séance. Vous avez suffisamment progressé dans l'écoute active de votre corps pour réussir à vous détendre simplement en vous asseyant et en respirant calmement. Si vous avez bien fait vos exercices à la maison, il suffira simplement que vous ralentissiez votre respiration pour retrouver votre calme.

Votre nouvelle image

Quelle est l'image que vous donnez de vous-même maintenant ? Êtes-vous capable de participer à une réunion ou à une fête, tranquille et détendu ? Que révèle votre style vestimentaire sur votre personnalité ? Êtes-vous à l'aise dans vos gestes, dans votre démarche ? Que pensent les autres de vous ?

Surtout, comment vous sentez-vous ? Êtes-vous plus en accord avec vous-même ? Plus confiant en vos capacités ? Vous avez pris un bon départ. Nous allons donc poursuivre.

5

Faire face au monde extérieur

Nous avons déjà parlé des exercices à faire à la maison et des techniques pour renforcer votre confiance mais nous n'avons pas encore évoqué tout ce qui concerne le monde extérieur. Il y a une bonne raison à cela. Je pourrais vous faire une liste des réactions appropriées à chaque occasion ou vous donner des réponses toutes faites. Ce serait facile mais cela ne vous avancerait guère.

En effet, la confiance en soi doit venir de vous, de votre for intérieur. Et cette confiance est bâtie selon certains principes de base auxquels vous ne pouvez pas échapper. Si vous dérogez à cette règle, vous gagnerez un point tout de suite mais vous aurez tout à recommencer demain. Il ne faut pas brûler les étapes. Nous allons procéder lentement mais sûrement. Ce sera un peu délicat au début, mais il est impossible d'y échapper.

Autocritique

Jusqu'ici nous nous sommes livrés à une auto-observation et nous avons remis en place ce qui était de travers. Vous avez fait quelques modifications. Il va falloir continuer sur la voie du changement mais cette fois-ci nous allons procéder d'une autre manière. Vous n'allez plus chercher en fonction de vous-même mais en vous mettant à la place des autres. Est-ce si difficile ?

Peut-être n'avez-vous pas trop envie de savoir comment les autres vous voient et peut-être n'êtes-vous pas très enclin à ce genre d'inspection de votre personnalité. Mais nous n'allons pas tant nous attarder sur votre personnalité que sur votre comportement. En clair, sur votre manière d'agir surtout dans les cas où vous êtes vraiment « à coté de la plaque » !

Rebutez-vous les gens ?

Auriez-vous des problèmes de communication ? Cela expliquerait votre manque de confiance en vous. Il est possible que, non content de donner aux autres une image défavorable, vous les découragiez en plus par votre comportement.

Cela ne sert à rien de regarder en arrière, mais vous devez réfléchir à ce qui vous est arrivé auparavant. Nous nous limiterons au strict nécessaire car cette démarche est éprouvante. Nous avons tous de mauvais souvenirs qui n'ont en fait aucune espèce d'importance mais qui nous pèsent à cause de la honte que nous avons ressentie alors. Si nous les ramenons à la surface aujourd'hui, c'est uniquement parce qu'ils ont quelque chose à nous dire sur notre chemin de reconstruction.

Quel est notre comportement ?

Étudions la manière dont nous nous comportons dans certaines situations, et en particulier à chaque fois que nous rencontrons tel type de situation. Quelles erreurs faites-vous ? Cet exercice est différent de ceux du chapitre précédent où nous avons passé en revue votre manière de marcher ou de vous habiller. Cette fois, il s'agit de votre manière d'agir. Comment votre comportement est-il perçu par les autres ?

Un souvenir désagréable

Vous avez en mémoire une rencontre ou un événement qui vous a beaucoup blessé, c'est un souvenir cuisant. De deux choses l'une, ou bien vous savez exactement ce qui est allé de travers – mais savoir ne signifie pas forcément pouvoir y changer quelque chose – ou bien vous ne comprenez pas pourquoi vous avez eu ce problème relationnel. Nous avons tous la capacité d'être lucides tout comme nous pouvons tous rester dans le vague.

Mais maintenant est venu le moment d'être le plus réaliste possible.

Si vous rebutez les gens, demandez-vous pourquoi. Étudiez les différentes possibilités et ensuite choisissez celle qui vous paraît la plus plausible. Ultérieurement, nous aborderons les méthodes qui permettent d'aplanir ces difficultés. Pour l'instant, notez le problème que vous avez rencontré dans votre relation avec une personne en particulier et, si vous y voyez clair, pourquoi, à votre avis, cela n'a pas marché selon vos espérances.

Quel est le problème ?

Vous êtes le seul à pouvoir répondre à cette question. Mais il y a certainement une ou plusieurs bonnes explications à votre problème. Or, les mêmes causes reproduisant les mêmes effets, si vous n'en tenez pas compte vous risquez de reproduire les mêmes erreurs dans vos relations avec les autres. Si vous n'êtes pas heureux dans votre relation aux autres, vous ne pouvez pas espérer que les choses aillent mieux pour vous à l'avenir sur ce plan. Il faut faire quelque chose.

Comme toujours commençons par observer le problème que vous avez repéré. Essayez de vous mettre à la place de l'autre personne. Que voyez-vous ? Pourquoi vous a-t-elle rejeté ? Qu'a-t-elle pensé de vous ?

La réponse à ces questions doit être directe et simple. Une interférence extérieure est envisageable évidemment. Beaucoup de raisons peuvent justifier l'échec de votre relation mais vous devez choisir un événement dans lequel vous savez que votre rôle a été déterminant. Alors que s'est-il passé ?

Peut-être vous êtes-vous montré trop enthousiaste ou trop spontané ? Peut-être avez-vous submergé l'autre personne d'affection débordante ? Peut-être en avez-vous trop fait ? Les gens ont plutôt tendance à se rétracter quand on entre dans leur intimité ou quand on les prive de leur capacité d'initiative. Les gens veulent pouvoir choisir ceux envers qui ils auront une dette.

Une belle occasion manquée

L'histoire suivante est arrivée à une de mes amies. Un collègue de travail lui avait demandé de lui faire ses courses car il devait rester tard au bureau.
Elle trouvait ce garçon sympathique et avait été flattée qu'il lui demande ce service. Je pense d'ailleurs que le garçon en question avait lui aussi des arrière-pensées ! Mais mon amie a tout gâché en en faisant trop. Elle ne se contenta pas de faire ce qu'il lui avait demandé mais rajouta à la liste des choses pour faire plaisir à son collègue, un bouquet de fleurs pour égayer son appartement tant et si bien que le jeune homme se sentit gêné et la remercia d'une manière plutôt abrupte. Une belle occasion manquée ! Si mon amie s'était contentée de respecter la consigne de son collègue, cela ne serait pas arrivé...

Ainsi, parfois vous risquez peut-être d'en faire trop ou bien vous cherchez trop à plaire. Ou bien est-ce le contraire. Vous êtes gêné à l'idée d'attirer l'attention et vous affichez une attitude indifférente ou effacée. Il est possible que vous soyez trop prudent dans vos relations aux autres ou trop sur vos gardes, trop effrayé pour vous lancer, trop craintif à l'idée d'être manipulé ou blessé par les autres. Nous avons tous plus ou moins ce genre de réactions. Nous savons bien que tout le monde n'est pas gentil mais tout est une question de dosage. Ne seriez-vous pas trop prudent ?

Soyez vous-même

Êtes-vous vraiment la personne que vous croyez être ? Êtes-vous honnête en ce qui vous concerne ?

Et que vous vous en rendiez compte ou pas, cela serait tout de même intéressant à savoir. Nous jouons tous un peu la comédie mais certaines personnes en font vraiment beaucoup et cela finit par se voir. Jouez-vous au grand sportif alors que vous préférez vos pantoufles ? Faites-vous des petites remarques suggestives évoquant vos succès passés d'un ton détaché ? Vous ne faites pas de mensonges délibérés mais vous essayez de vous faire passer pour ce que vous n'êtes pas. Cela « marche » un temps mais ça ne dure pas éternellement. « Chassez le naturel, il revient au galop », ce qui risque de vous causer des ennuis. Il est préférable que vous soyez vous-même.

Savez-vous écouter les autres ?

Peut-on vous parler facilement ou non ? Écoutez-vous les réponses que l'on donne à vos questions ?

Et vous, répondez-vous aux questions que l'on vous pose ? Ou bien réfléchissez-vous à ce que vous allez dire ? La conversation est un art que vous avez peut-être perdu par manque de confiance en vous et parce que vous cherchez à plaire à tout prix. Il faut être concentré pour soutenir une conversation et si vous en êtes incapable parce que vous êtes centré sur vous-même, comment voulez-vous que votre interlocuteur le devine ? Il ne peut pas le savoir.

Nous avons déjà évoqué le sujet de la relaxation sur les deux plans de l'être (être détendu) et de l'apparence (avoir l'air détendu). Vous avez commencé à maîtriser et à pratiquer ces notions. Rappelez-vous qu'une personne qui parle peu et se comporte calmement est considérée comme pleine de sagesse. Vous ne pouvez tout de même pas rester silencieux toute votre vie ! Réfléchissons donc maintenant à l'art de la conversation et des rapports humains.

L'art de la conversation

La conversation est, bien sûr, un phénomène naturel, du moins pour la plupart des gens. Cependant, pour les personnes timides ou complexées, cela devient une épreuve remplie d'obstacles. La conversation est un art qui s'apprend également. Avec de la pratique, on arrive vite à de très bons résultats. Essayez de vous parler à vous-même en voiture quand vous êtes seul, et à vos voisins dans l'autobus.

Voici mes recommandations : concentrez-vous et écoutez bien ce que l'on vous dit. Pensez à vos réponses et essayez de dire quelque chose de pertinent, ne parlez pas pour ne rien dire. Il arrivera que le silence s'installe dans la conversation et cela risque de vous troubler. Rappelez-vous que vous avez acquis de nouvelles techniques. Vous savez comment faire pour vous détendre. Vous serez à l'aise même dans le silence.

Ne vous forcez pas à faire la conversation, et ne faites pas le malin en disant des bêtises. Laissez les choses suivre leur cours. Écoutez ce qui se dit. Repérez l'humour et l'ironie pour ne pas tout prendre au pied de la lettre. Laissez les gens s'adresser à vous, ne leur faites pas la conversation.

Regarder votre interlocuteur dans les yeux est plus délicat car vous ne savez pas ce que l'autre personne peut supporter. Si vous la regardez trop intensément, vous lui ferez peur et si vous ne la regardez pas assez, vous aurez l'air indifférent. Vous devez trouver le juste milieu et cela s'apprend avec le temps. Plus vous serez en confiance, plus vous aurez de conversations, moins cela sera un problème pour vous. Ne vous inquiétez pas de cela. Soyez conscient de ces problèmes sans y attacher trop d'importance car ils passeront avec le temps.

Sachez clore une conversation qui s'étiole par quelques mots ou expressions faciles à caser. Dites par exemple : « Je dois y aller maintenant », « J'ai été très heureux de vous rencontrer ». Certaines personnes appréhendent beaucoup ce moment alors qu'il suffit de quelques exercices et d'un peu d'expérience pour finir élégamment un entretien. Lorsque l'on a appris à maitriser son corps, une relation ou une conversation, on peut commencer à se sentir confiant en ses capacités. La confiance appelle la confiance.

Encore du travail !

Voici un nouvel exercice. Il s'agit de noter la manière dont vous vous comportez en public. Regardez également comment font les autres. Choisissez quelqu'un qui se débrouille bien. Regardez comment il aborde les autres, comment il s'exprime et ce qu'il dit. Bien sûr, il ne s'agit pas de l'imiter, vous seriez faux. Mais cela peut vous donner quelques idées pour modifier votre attitude. Démarrez par petites touches, en parlant un peu moins, par exemple, ou en écoutant un peu plus. Faites-en autant que vous pouvez. Rappelez-vous que notre principe est que plus vous ferez de petits changements, plus votre comportement général s'améliorera et plus vous gagnerez en confiance.

Vous devez apprendre tout le temps : apprendre à vous exprimer, à regarder et à vous sentir comme il faut. Vous pouvez vous entraîner seul, mais la confiance s'applique sur le terrain, avec les autres. Nous allons maintenant étudier le rôle que jouent les autres dans ce processus, comment ils nous manipulent parfois.

6

Vous et les autres

La confiance est toujours partie prenante dans nos relations avec les autres. Pour tenir une conversation il faut être au moins deux. Quelle est la part des autres dans cette relation ? Il est temps que nous considérions les choses sous un nouvel angle. Vous avez besoin d'une pause !

La plupart des gens sont agréables, attentionnés et certains sont même sensibles et prévenants. Mais il faut reconnaître également qu'il existe aussi des personnes qui n'ont aucun scrupule à profiter des autres. Certains en ont même pris l'habitude et n'ont aucune idée du mal qu'ils font à leur prochain.

Nous en avons tous rencontré, que ce soit au travail ou ailleurs. Ils n'ont aucun scrupule à profiter de la situation s'ils ont un tant soit peu de pouvoir.

Ce qui est surprenant, c'est que ces gens peuvent être tout à fait charmants. Ils ont un faible niveau de conscience de leur comportement. Les personnes qui font preuve d'une véritable cruauté sont très rares et de toute façon, on ne peut rien faire pour elles, si ce n'est les abandonner à leur triste sort.

Le comportement des autres

Il est très intéressant et instructif d'observer comment les autres s'y prennent pour résoudre leurs problèmes. Certains se comportent de manière désagréable ou abusive parce qu'ils ont des difficultés relationnelles. Ce sont en quelque sorte des rescapés qui cherchent à se protéger du monde réel. Cela fait des années que je les observe.

Étant moi-même médecin, je côtoie surtout des personnes qui sont soit des patients, soit d'autres médecins. Je suis persuadé que les médecins ne sont pas différents des autres gens. Ils ont les mêmes soucis même si on a tendance à croire qu'ils sont miraculeusement préservés des ennuis que doit supporter le commun des mortels.

La confiance est une nécessité pour un médecin. Aucun patient n'irait consulter un médecin, même compétent, s'il n'a pas l'air d'être sûr de son diagnostic. Pourtant, on n'apprend pas aux médecins comment se présenter. Ils doivent apprendre sur le tas, et ce n'est pas toujours une réussite !

Vous connaissez sûrement au moins un praticien hospitalier qui reçoit ses patients avec froideur et sans aucun égard. À l'hôpital, les médecins sont protégés par les appareils, les instruments et les infirmières en tenue. D'où cette arrogance qui masque une grande insécurité. Et tant pis pour le pauvre patient qui doit supporter cela en silence.

Interaction entre les personnes

La vie d'hôpital fourmille d'exemples d'interactions entre les personnes. J'en ai fait ma première expérience quand j'étais étudiant en médecine, au moment où l'on est le dernier barreau de l'échelle, et la cible de tous les sarcasmes. L'enseignement se fait sur le terrain et revient à ces praticiens qui savent si bien se montrer désagréables avec les malades. Vous imaginez donc comment ils peuvent être avec les étudiants…

Dans l'ensemble, bien sûr, les praticiens sont corrects. Mais nous avions appris à nous méfier. Certains médecins trouvaient malins de terroriser les étudiants et ils choisissaient comme victime celui d'entre nous qui avait le moins confiance en lui, évidemment. Ils s'en servaient de faire-valoir pour satisfaire leur ego surdimensionné. C'était inexcusable.

Je mis quelques années avant de prendre conscience de leur manège et je me rappelle très bien quand le voile se souleva pour moi. À cette époque je travaillais dans un hôpital universitaire et l'une de mes tâches consistait à accompagner le médecin dans sa tournée avec les étudiants. Il avait pris l'habitude de me poser toutes sortes de questions bizarres. J'étais aussi terrorisé que les étudiants. Je n'arrivais pas à répondre et c'était une humiliation publique.

Un jour où je séchais de nouveau lamentablement, j'échangeais les rôles et demandais au professeur la bonne réponse. Il chercha à éluder, s'emmêla les pinceaux mais j'insistais – devant les étudiants – car je pensais que c'était important de savoir. Alors, il devint manifeste pour tout le monde que le professeur avait bluffé et ne connaissait même pas la réponse à la question qu'il avait lui-même posée.

Le lendemain, je lui posai une autre question, et de nouveau il fut incapable d'apporter une réponse. Il cessa de m'ennuyer après cet incident et pendant un moment il ne se fit même plus accompagner par des étudiants. Je me retrouvai seul pour les instruire pendant les visites. Ce fut une expérience très intéressante.

Je découvris que les étudiants en savaient beaucoup plus long que je ne croyais. Avec un peu de patience, ils répondaient à toutes les questions, à condition d'être encouragés. Ils étaient très motivés. Mon attitude bienveillante changea complètement l'ambiance. À la réflexion, nous y avons tous gagné quelque chose. Le professeur précédent enseignait dans une ambiance tendue et agressive qui masquait ses problèmes de manque de confiance en lui. Je ne pouvais pas supporter ce style de relation. Je ne pouvais enseigner que dans la mesure où mes interlocuteurs étaient aussi détendus que moi.

Cela ne signifie pas pour autant que j'étais si sûr de moi. Je ne l'étais pas tant que cela ! Mais je m'y prenais différemment. Je créais un courant de sympathie entre les étudiants et moi qui me permettait de ne pas avoir à cacher mes limites éventuelles car les étudiants les acceptaient très bien. Cela leur rendit d'ailleurs service pour la plupart. Mais il y eut un retour de bâton : un ou deux étudiants exploitèrent la situation pour étaler leur culture et leur prétendue supériorité. Je détestais les avoir dans mon groupe.

Il me fallut bien résoudre ce problème aussi. Je m'en sortis en leur posant plusieurs fois de suite des questions dont ils ne pouvaient pas connaître les réponses. Je laissais un long silence s'installer tandis que nous attendions tous qu'ils ouvrent la bouche. Cela leur a rabattu le caquet et les a remis à leur place. Ils n'ont plus fait les malins et nous avons pu continuer à faire les visites tranquillement.

Les dominateurs

C'est ainsi que j'ai compris comment certains s'amusaient aux dépens de leur prochain. Beaucoup de gens ont l'esprit de compétition. Ils ont toujours l'air de disputer un match et veulent gagner. À l'inverse, les gens qui, comme vous et moi, sont moins sûrs d'eux-mêmes, ne recherchent pas ces « challenges ». Nous ne souhaitons pas marquer des points sur les autres. Cela ne veut pas dire que l'on manque d'ambition ou que l'on ne soit pas capable. C'est une question de caractère, de tempérament. Malheureusement, ces jeux de rivalités peuvent avoir un impact très important dans la vie.

Dans un hôpital universitaire, les étudiants en médecine passent des examens oraux. Ils doivent répondre aux questions d'un professeur qui est assis en face d'eux. Vous voyez ce que je veux dire. Certains examinateurs font bien leur travail et mettent les étudiants en confiance tandis que d'autres ont le chic pour les impressionner. J'ai rencontré les uns et les autres et j'ai fait passer des oraux moi-même. Je peux vous dire qu'il est très simple de repérer un étudiant timide et de lui laisser le temps de prendre ses repères. On obtient ainsi d'excellents résultats.

C'est la même chose dans les autres domaines de la vie. Nous rencontrons des dominateurs partout. Les racines psychologiques de leur attitude peuvent varier mais le résultat est le même. Et si nous ne sommes pas prévenus, nous tombons dans leur nasse.

Même avec de bons amis, cela arrive aussi. Je me rappelle une fois où j'avais croisé par hasard un vieux copain en ville. Cela faisait des années qu'on ne s'était pas vus et j'étais très content de le retrouver. Après une chaleureuse poignée de main, il me dit : « Tu n'as pas l'air très en forme. As-tu un problème ? » Pendant le déjeuner que nous avons pris ensemble, je n'arrêtais pas d'y penser et de me demander pourquoi j'avais mauvaise mine.

J'oubliais vite l'incident mais une année plus tard, nouvelle rencontre fortuite avec mon ami. De nouveau il me demande : « Comment vas-tu ? Tu n'as pas l'air très bien. » Alors je me souvins de ce qui m'était arrivé l'année précédente et je compris. Je lui répondis : « C'est curieux parce que je suis en pleine forme justement. Toi, par contre tu as une petite mine. As-tu un problème ? »

Mon ami était représentant de commerce. Il faisait de la vente et ses résultats dépendaient en grande partie de sa vivacité. Il possédait un esprit de compétition inné et avait ses trucs pour rester maître de la situation. Quand il me rencontra, il les utilisa tout naturellement, c'était sa manière de me déstabiliser que de suggérer que j'étais malade. Il réussit un moment à me déconcentrer. Si j'avais été un adversaire, cela lui aurait donné l'avantage. Le problème était qu'il appliquait maintenant sa méthode automatiquement, sans discernement.

Je n'avais certes pas l'intention de jouer ce jeu-là mais du moment que j'étais prévenu, je ne lui en ai pas voulu. Nous sommes restés les meilleurs amis du monde.

Être dominateur, une nécessité ?

Si j'étais vous, je n'essaierais pas de rivaliser avec les dominateurs. Laissons cela aux experts. Nous avons fait un pacte : pas d'astuces, pas de solutions miracles. Nous n'avons pas besoin de ces gens-là. Reste à savoir comment gérer ce genre de personnalité dominatrice…

La meilleure attitude consiste à continuer de faire ce que nous essayons de mettre en pratique depuis le début. Avoir l'air sûr de soi, même si on ne l'est pas. Ne vous laissez pas troubler par qui que ce soit, et surtout pas par quelqu'un qui a besoin de tricher pour garder sa confiance en lui. Relaxez-vous et observez son manège. Vous n'avez pas besoin de vous en mêler.

Mais que cela ne vous empêche pas non plus de faire savoir à cette personne que son petit jeu a été découvert. Une remarque ou un sourire suffiront pour affirmer votre supériorité.

Vous devez maintenant penser à améliorer votre comportement en public. C'est ce que nous allons étudier au chapitre suivant.

7

Devenir plus sociable

Préparation

Que pouvons-nous faire pour rendre notre quotidien plus facile à vivre, pour gérer les situations délicates ?

Nous avons déjà parlé de l'importance de la relaxation et de l'image positive. Pouvez-vous faire plus ? Si vous avez des appréhensions dans le cas d'une invitation que vous devez honorer, que faire ? Comment s'y préparer ? Pouvez-vous utiliser à bon escient les heures désagréables qui précèdent l'événement, la réunion, la réception ou le discours à prononcer ?

Je ne crois pas qu'il faille se résigner à accepter que les choses soient difficiles. On peut déjà se préparer en faisant les exercices de relaxation aussi souvent que possible. On peut même envisager d'autres façons de se détendre. Il faut pour cela faire appel à son imagination.

L'imagination est présente chez tout le monde. Elle peut être débordante et nous faire croire à toutes sortes de difficultés. À ce moment-là, elle est mauvaise. Mais une imagination normalement constituée peut être bien utile. Elle nous permet de nous mettre en situation à l'avance et de répéter notre rôle comme le ferait un acteur pour une pièce de théâtre.

Aucun acteur n'oserait monter sur scène avant d'avoir répété son rôle. Il sait bien qu'il ferait piètre figure ! La tension nerveuse due à la présence d'un public rendrait son jeu artificiel. Il pourrait oublier son texte, avoir un trou, bafouiller. Il est évident qu'un bon acteur travaille son jeu avant d'apparaître en public.

Si pour vous, les occasions de vous montrer en public sont aussi stressantes qu'une première pour un acteur, pourquoi ne pas vous y préparer à l'avance en répétant la scène loin des regards, en privé ?

Si vous avez commencé à pratiquer les exercices de relaxation, vous devez vous souvenir qu'à la fin, vous êtes complètement apaisé et détendu. Eh bien, c'est le moment idéal pour utiliser votre imagination. En pensée, vivez la scène dans ses moindres détails. Visualisez votre arrivée, qui vous rencontrez sur votre chemin, ce que l'on vous dit, ce que vous répondez. Passez toute la soirée en revue si vous le pouvez.

Vous éprouvez peut-être des sensations désagréables rien que d'y penser. Utilisez alors les techniques de respiration et de relaxation pour gérer les symptômes. C'est une bonne habitude à prendre. Mais pensez aussi à prévoir ce que vous ferez pour gérer les différentes rencontres que vous allez faire.

Préparez-vous aussi à ce que rien ne se passe comme prévu, il faudra vous adapter à la situation dans ce cas. Soyez souple ! Cet exercice est très utile et intéressant, de toutes manières. Ce n'est pas du temps perdu !

Faites des fiches

Un de mes amis est dans la Marine. C'est un homme très ambitieux et de valeur, très décidé à réussir dans la vie. Il ne manquait pas de confiance en lui ! Il avait vite compris qu'il devrait faire bonne impression à ses supérieurs hiérarchiques et il avait élaboré un système à lui pour y arriver.

Il savait qu'il était important de se rappeler les noms et les particularités des gens. C'est flatteur quand on se rappelle de vous et de ce que vous aimez faire. Mais comment s'y prendre quand on a une mémoire qui est une vraie passoire et qu'on ne se rappelle même plus qui on a vu la veille ? C'était le cas de mon ami.

Il trouva la solution. Il se constitua un fichier personnel de tous les gens qu'il rencontrait. Le soir, il remplissait ses fiches avec tous les détails dont il se souvenait. Il arriva ainsi à établir un dossier impressionnant sur des tas de gens influents. Ainsi, avant d'aller à une réception, il révisait ses fiches selon la liste d'invités. Il était fin prêt pour les aborder sans danger et poursuivre avec eux la conversation engagée auparavant.

Bien sûr, s'il avait été surpris en flagrant délit, mon ami aurait pu être soupçonné d'espionnage. Entretenir des dossiers sur les gens n'est pas vraiment mon truc mais j'admets que cela peut être très judicieux en certains cas.

Les représentants de commerce prennent également des notes sur leurs clients. Ils ne peuvent pas se permettre d'oublier un nom ou de demander trois fois si la personne est mariée. Avant de passer un coup de fil, ils sortent la fiche pour se rafraîchir la mémoire. C'est tout à fait admis. Si vous avez des difficultés pour vous organiser, ce genre de note peut se révéler très utile.

Les médecins font de même avec leur clientèle privée. En médecine, il est essentiel de garder un dossier sur chaque malade et après une consultation le praticien doit le mettre à jour. Quelquefois il lui arrive d'inscrire aussi des informations comme : « vient de déménager », « fils à l'université ». Ce sont des aide-mémoires. À sa prochaine consultation, le médecin pourra demander au patient des nouvelles de son fils ou si la nouvelle maison est agréable. Ces petits trucs améliorent la relation pour le plus grand bonheur de chacun.

Avez-vous l'impression de tricher en mettant en pratique ces petites astuces ? Je n'y recours moi-même que dans certains cas seulement. Dans le domaine professionnel, dès qu'il est très important de faire bonne impression, je les recommande vivement. Quand on manque de confiance en soi, on est facilement ému et on peut oublier facilement le nom des gens, et même ce qu'ils font. Il vaut mieux se préparer un peu à l'avance à une rencontre pour garder les idées claires et être réceptif.

Rencontrer les gens

J'ai un autre problème. Je me rappelle bien les visages mais j'oublie les noms. Je viens de serrer la main de quelqu'un et son nom glisse hors de ma mémoire instantanément. C'est très ennuyeux et je ne suis pas le seul à avoir ce problème. Cela arrive quand on est excité, on s'agite et on oublie ce qui est important. Voici un petit truc pour remédier à ce problème. Vous verrez que beaucoup de gens l'utilisent déjà.

Quand on vous présente quelqu'un, serrez-lui la main bien sûr mais en même temps, répétez à haute voix son nom. Dites : « Je suis très heureux de faire votre connaissance, Madame Bailly ! » plutôt que « Bonjour Madame ». Cela va vous aider à graver le nom de la personne dans votre esprit. N'hésitez pas à le répéter ensuite mentalement pour bien le retenir.

Mais si vous êtes vraiment archinul, n'essayez pas de feindre, annoncez la couleur. Tout simplement. Avouez avec simplicité que vous êtes désolé mais que vous avez un mal fou avec les noms. Cela désarmera la plupart des gens. N'ayez pas l'air trop contrit ou catastrophé, cela arrive à tout le monde. C'est très banal et il n'y a pas de quoi en faire une histoire.

Prendre son temps

Les gens doués ont souvent l'air d'avoir tout leur temps. Les sportifs et les musiciens, par exemple, font partie de cette catégorie. Ils savent prendre le temps avec confiance. C'est une saine attitude que vous pouvez développer vous aussi. Si on vous présente quelqu'un et que vous n'arrivez pas à vous rappeler quoique ce soit, ne paniquez pas. Parlez-lui aimablement de tout et de rien jusqu'à ce que la mémoire vous revienne. Et si rien ne se passe, c'est votre interlocuteur qui vous mettra sur la piste. Si cela n'arrive pas, vous pourrez toujours dire : « Excusez-moi, on se connait, mais je n'arrive plus à me rappeler de l'endroit où nous nous sommes rencontrés ». Ce ne sera pas blessant.

Il est préférable de réagir avec philosophie, d'avoir l'air tranquille et détendu et de laisser les choses suivre leur cours. Quand vous aurez commencé à avoir confiance en profondeur, tout cela vous semblera de plus en plus facile.

L'aisance en public

Pour parler de cette aptitude à être en compagnie d'autres personnes, les professionnels de la communication parlent de « qualités relationnelles ». Les gens qui manquent de confiance en eux doivent apprendre à acquérir ces qualités de sociabilité qui leur faciliteront la vie. C'est un apprentissage, tout comme la politesse et le savoir-vivre.

La vie est un apprentissage continuel. Certains apprennent plus facilement que d'autres. De plus, on peut apprendre de travers. Si c'est votre cas, essayez de vous corriger.

Vous devez réapprendre, mais cette fois vous devez acquérir les bonnes techniques. Cela signifie que vous devez accepter de faire une analyse de votre comportement en public afin de vous améliorer. Je vous ai déjà indiqué quelques pistes. Mais ce n'est pas suffisant. Vous devez aller plus loin.

Il est vital que vous changiez votre façon d'aborder les problèmes. Vous ne devez pas vous résigner. Vous commencez à maîtriser les techniques de relaxation et vous vous débrouillez mieux maintenant au niveau de vos relations avec les autres. Mais si vous vous sentez déjà plus sûr de vous, n'en restez pas là, continuez pour arriver à une véritable réussite !

Pour améliorer votre sociabilité, faites une véritable inspection de tous les aspects de votre vie, soyez sans pitié. Regardez avec lucidité comment vos faits et gestes sont interprétés par votre entourage. Et notez les améliorations que vous pouvez apporter. Sachez enfin que cela prendra du temps, des années, peut-être même devrez-vous rester vigilant toute votre vie

Rassurez-vous ! Ce n'est pas aussi ardu que cela en a l'air. En fait, une fois que vous aurez mis en place ce processus, vous l'appliquerez sans effort, inconsciemment. Ce sera comme si vous vous étiez programmé vous-même ! Vous serez devenu une nouvelle personne, plus sereine, plus confiante. Cela vous fait envie ? Passez vite au chapitre suivant !

8

Les progrès se font sentir !

VOUS ÊTES DÉSORMAIS bien convaincu qu'il y a un moyen de s'en sortir. Vous vous êtes mis en marche et vous vous sentez déjà mieux, n'est-ce pas ? Voyons donc maintenant comment tirer le meilleur parti de cette situation nouvelle et avoir une vie de plus en plus riche et épanouissante. Vous méritez bien une récompense pour tous vos efforts !

Tendre vers l'objectif

Vous avez certainement réfléchi un peu à tout ce que vous aimeriez faire mais n'osez pas faire. Au début de ce livre, il vous a été recommandé de vous polariser sur une chose en particulier qui vous tient vraiment à cœur et de vous tenir à cet objectif. Je ne sais pas quand vous vous sentirez assez fort pour mettre toute votre énergie à parvenir à cet objectif mais rien ne presse. Il est bon de prendre son temps. C'est vous, et vous seul, qui devez décider de ce que vous voulez faire et du moment opportun pour vous y mettre.

Commencez par réfléchir à ce qui vous paraît d'ores et déjà un résultat facile à atteindre. Pensez à toutes ces démarches que vous évitiez jusqu'à présent : il y a des tas de situations difficiles que nous évacuons sans même en avoir conscience. C'est le moment de vous y mettre. Il temps de faire face et de mettre en pratique les techniques apprises, surtout si c'est difficile !

Vos amis et vos collègues de travail ont certainement déjà remarqué que vous avez désormais davantage confiance en vous mais cela ne doit pas vous suffire. Vous méritez encore mieux. Vous allez combler vos désirs. Pour cela, cherchez bien et voyez ce que vous pouvez faire pour apporter davantage de satisfactions dans votre vie, davantage d'épanouissement personnel.

Quelques suggestions

Si vous êtes maintenant plus à l'aise au travail, par exemple, quelles autres améliorations pouvez-vous apporter à votre vie pour vous sentir mieux ? Si vous êtes plutôt timide et complexé, ne vivez-vous pas dans votre petite bulle à vous ? N'avez-vous pas petit à petit refusé toutes les occasions de vous amuser, rétréci le champ de vos activités ? Vous n'en êtes pas vraiment responsable. C'est la conséquence de votre manque de confiance en vous.

Par où commencer ? Il y a tellement de possibilités qui s'offrent à vous ! N'êtes-vous pas tenté par une activité quelconque ? Bien sûr, je ne vous demande pas de vous fabriquer des désirs si vous n'en éprouvez pas. Vous devez vous trouver un intérêt véritable, déjà présent en vous. Si vous décidez brutalement et sans raison de vous passionner pour la photographie, cela ne vous mènera à rien.

Un truc qui marche assez bien, c'est un hobby dans le domaine du sport. D'une part, il est toujours bon de s'entretenir physiquement, d'autre part cela vous met en contact avec les autres sans oublier le bénéfice du sport lui-même. Quand on est en forme, on se sent mieux. Tout ce qui peut contribuer à votre mieux-être est bon à prendre en considération. Pour ma part, j'ai appris à nager tard alors que cela me faisait envie depuis longtemps. J'avais l'impression d'être mis à part quand je prenais des vacances avec des amis, simplement parce que je ne savais pas nager. Alors, un jour, je me suis décidé à y remédier et j'ai pris des cours. Je ne me suis pas fait beaucoup d'amis à la piscine mais c'est une des meilleures décisions que j'ai prises dans ma vie et maintenant encore je prends beaucoup de plaisir à aller nager. C'est ainsi que je garde la forme ! Cela renforce mon assurance dans certaines situations et en plus je sais que je suis capable de sauver mes jeunes enfants de la noyade s'il arrivait que l'un d'entre eux tombe à l'eau. La confiance a de multiples facettes. Et je n'oublierai jamais le sentiment de triomphe que j'éprouvais lorsque j'ai pu nager une longueur de bassin.

Mais vous, sans doute, savez-vous déjà très bien nager. Cherchons autre chose. Savez-vous danser ? Les cours de danse sont nombreux et vous pourriez essayer. Être en forme rend heureux. Et c'est encore mieux d'être heureux à plusieurs ! Vu le nombre de clubs de sport et de studios de danse qui nous entourent vous n'avez que l'embarras du choix, pourvu que vous aimiez l'activité physique, bien sûr !

Gardez en tête qu'il faut être raisonnable, au moins au début. Ne visez pas trop haut. Restez modeste. Vous devez accomplir quelque chose mais pas forcément quelque chose de physique. Vous pouvez choisir la broderie ou la peinture. Cependant, si vous décidez de vous inscrire à un club, il est certain que vous serez le bienvenu car tous les clubs recherchent de nouveaux adhérents. Les autres membres seront ravis de vous voir et vous accueilleront certainement très bien, ce qui, somme toute, est bien agréable ! Ces gens qui partagent les mêmes centres d'intérêt que les vôtres deviendront vite vos amis.

En fait ce qui est essentiel dans la vie, ce sont les relations avec les autres, ce ne sont ni les lieux, ni les événements en soi. Or, ce sont les autres que vous craignez. Nous avons étudié comment faire pour améliorer vos relations avec les autres. Laissons-les se développer. Récapitulez tout ce que nous avons vu ensemble. Ne vous précipitez pas. Entretenez votre paix intérieure. Prenez du recul, une certaine distance et surtout… *soyez vous-même* !

Les vacances

C'est pendant les vacances que nous avons les meilleures occasions de rencontrer les autres. Les grandes vacances surtout sont attendues dans l'excitation générale. Cela nous fait plaisir d'y penser à l'avance. Qui allons-nous rencontrer ? Que va-t-il nous arriver de nouveau ? C'est bien ainsi que vous aimeriez voir les choses. Hélas, certains gâchent leur plaisir en se faisant du souci à l'avance, ou bien en ayant des attentes disproportionnées

Les séjours de vacances pour célibataires sont très en vogue. On garantit à l'heureux vacancier qu'il va s'amuser et *inévitablement* faire des rencontres. La convivialité fait partie du programme. Il est possible en effet que vous y trouviez votre compte. Cependant, les choses peuvent également tourner au vinaigre si vous n'êtes pas naturellement sociable. Vous pourriez vous retrouver dans des situations qui risquent de ne pas beaucoup vous plaire.

Donc, quand vous prévoyez des vacances, choisissez-les bien selon vos goûts et votre âge. Prenez, par exemple, un séjour au ski si cela vous convient mais ne vous attendez pas obligatoirement à y rencontrer l'homme ou la femme de votre vie. Restez optimiste cependant car il est vrai que ce genre de chose se produit parfois, tôt ou tard, et en vacances comme ailleurs, on ne sait jamais… !

Les difficultés par rapport aux vacances

Vous avez des problèmes par rapport aux vacances. Vous détestez, par exemple, prendre l'avion. Vous n'avez personne avec qui partir ou vous ne voulez pas vous rendre à l'étranger parce que vous craignez les inconnus. Ces difficultés peuvent être résolues. Voici comment vous pouvez vous en sortir.

Tout d'abord, si vous avez la phobie des vols en avion, demandez à votre médecin une consultation chez un psychologue qui vous aidera à guérir de votre peur mais de toutes manières rappelez-vous vos leçons de relaxation et vos exercices mentaux à la gestion des situations de stress. Si vous avez décidé de partir en vacances à l'étranger, que vous avez payé votre billet et votre séjour, vous êtes fortement motivé et vous n'allez pas renoncer si vite. Préparez-vous comme vous le feriez pour toute autre situation de stress.

Les rapports avec des étrangers et le caractère imprévisible d'un voyage lointain peuvent vous rebuter. Rappelez-vous dans ce cas que votre imagination vous entraîne souvent à exagérer les difficultés et dites-vous que, le moment venu, les choses vous paraîtront plus faciles que vous ne le redoutiez. Attendez de voir pour vous faire du souci, vous aurez de bonnes surprises ! Si vous êtes en groupe avec un tour-opérateur, le guide sera là pour vous aider, de toute manière. Il peut même se charger de vous faire rencontrer des gens, vous organiser des sorties, si vous le souhaitez. Ce faisant, il agira dans son intérêt tout autant que dans le vôtre.

Trouver des amis pour vous accompagner

Trouver des compagnons de voyage est un problème quand on est célibataire. Les séjours pour personnes seules sont nombreux et conviennent très bien aux personnes d'un certain âge. Mais le monde est rempli de célibataires qui cherchent quelqu'un avec qui partir en vacances. Et le problème est donc de trouver cet oiseau rare.

Les retraités se sont organisés en associations à seule fin d'organiser leurs vacances. Vous pouvez vous joindre à eux mais ce ne sera peut-être pas ce qu'il vous faut, pas plus que vous ne serez à l'aise dans un groupe disons de jeunes de moins de vingt-cinq ans ! Cela vaut la peine de se poser la question cependant ! Tournez-vous aussi vers les clubs de sport ou les associations culturelles qui organisent souvent des voyages. Ils accueillent volontiers des participants, ce qui leur permet de diminuer leurs coûts. Le mieux est encore d'avoir le courage de demander vous-même autour de vous à vos collègues de bureau, à votre club de gym ou dans une association ! Vous verrez que d'autres sont dans la même situation que vous.

D'autres suggestions pour changer de vie

Pourquoi n'apprendriez-vous pas à conduire ? Évidemment, si vous n'êtes pas très sûr de vous, ma proposition va vous sembler affolante mais pensez à tout ce que vous gagnerez en prenant le volant. Vous serez indépendant et libre d'aller à votre guise. Ce serait pour vous comme une nouvelle vie et cela vous permettrait de rencontrer plus facilement vos amis. Vous pourriez également rendre service en faisant le conducteur pour une excursion ou une petite visite. Nous verrons plus loin comment vous pourriez vous organiser pour mettre à bien ce projet.

Les moyens d'élargir votre horizon sont nombreux et certains sont tout à fait radicaux. Vous pouvez envisager de changer de métier, d'arrêter vos études, de les reprendre, ce qui peut se révéler un excellent moyen de rencontrer les gens qu'il vous faut et d'avancer. Mais attention, soyez prudent, surtout si vous songez à vous marier ou à… divorcer. Regardez-y à deux fois dans ce dernier cas…

Règles d'or

Certains de ces conseils peuvent très bien vous convenir, mais le succès n'est pas garanti dans la mesure où, dans la vie, les grandes décisions doivent être mûries et soupesées. Vous ne pourrez pas dans certains cas revenir en arrière, il faut donc vous préparer avec soin.

Voici la règle d'or. Les changements que vous voulez apporter à votre vie doivent être le résultat, l'aboutissement du fait que vous vous sentez plus confiant en vos capacités, et non le contraire. Ce n'est pas le changement qui va vous rendre sûr de vous. Ne comptez pas là-dessus. C'est parce que vous avez pris une nouvelle assurance qu'en conséquence vous voulez changer votre vie. Un nouveau travail ou un nouveau partenaire ne régleront pas le problème si vous n'avez pas évolué. C'est ce problème-là, votre manque de confiance, qui doit être réglé en premier.

Je vous ai expliqué comment vous pouvez concrètement vous y prendre pour cela : commencer par de petits changements bien ciblés pour vous entraîner afin de vous préparer mentalement et psychologiquement à donner plus d'ampleur à votre vie et à aller de l'avant.

Je n'ai pas dit que vous ne deviez pas changer de travail ou d'orientation, si c'est cela qui vous convient, mais vous devez envisager ces éventualités avec prudence. Avant de prendre une grande décision, considérez le problème sous tous ses aspects. Prenez éventuellement conseil. Il faut savoir prendre le temps.

Laissez l'idée reposer une semaine ou deux pour voir. Faites un tableau avec les *pour* et les *contre*, regardez les conséquences éventuelles de votre décision. Après tout cela, si vous êtes toujours persuadé de la nécessité du changement envisagé et que vous pourrez en assumer les conséquences, lancez-vous.

Dans la vie il y a deux sortes de changements : ceux que nous décidons par nous-mêmes et ceux qui nous sont imposés, que nous n'avons pas souhaités. Ces derniers ont le pouvoir de détruire terriblement notre confiance en nous. Nous allons les évoquer dans le chapitre qui suit.

9

Pourquoi perd-on confiance en soi ?

POURQUOI VOUS ÊTES-VOUS senti gêné et terriblement fragilisé en certaines circonstances ? Jusqu'ici nous n'avons fait qu'effleurer ce sujet et il n'est pas nécessaire de s'appesantir dessus. La seule raison d'y revenir est que cela peut servir pour tirer les leçons de l'expérience et progresser.

Les causes

La raison qui vous a fait perdre confiance est peut-être évidente. Elle peut être liée à un événement dramatique de la vie comme un divorce ou un deuil. Vous n'avez pas forcément envisagé les choses ainsi au début et c'est seulement longtemps après que l'événement ait eu lieu que vous vous êtes rendu compte de son impact sur votre confiance personnelle.

Beaucoup d'entre nous pensent qu'ils sont nés timides. Cependant, il est certain que ce trait de caractère peut être aggravé par les épreuves. Alors, pourquoi s'attarder sur la cause ? Ne vaut-il pas mieux oublier et continuer le cours de notre existence ? La réponse est non. Vous devez prendre en compte ces événements parce qu'ils font partie de votre vie, que vous le vouliez ou non. Ils se cachent dans les replis de notre mémoire et nous ne pouvons pas les effacer d'un coup de baguette magique.

Cependant, il est recommandé d'essayer de les mettre à leur juste place, de ne pas les laisser nous empêcher de regarder vers l'avenir. Cela ne sert à rien de ressasser les événements malheureux de notre passé. Vous allez rouvrir de vieilles blessures et souffrir à nouveau. Mais il y a des leçons à tirer de ces épreuves et cela peut être très utile dans notre démarche actuelle.

La première chose à vous dire, c'est que vous n'êtes pas le seul qui ait traversé ce genre d'épreuves. D'autres y sont passés et ont survécu. Rien de cynique de ma part, c'est la vérité. Vous devez continuer à vivre et vous devez reconstruire votre existence. Pour cela il vous faut retrouver votre capital de confiance. C'est un travail positif et indispensable.

Vos problèmes n'ont peut-être pas démarré d'un seul coup mais à la suite d'une série de contrariétés qui se sont liguées contre vous. Si vous êtes jeune et que vous avez ce problème de timidité, il est possible que ce soit votre cas. Il n'est pas évident de prendre conscience de ces événements tant qu'on y a pas vraiment réfléchi.

Les psychologues croient que la personne humaine apprend tout au long de sa vie. Pas forcément consciemment. Mais notre corps lui, apprend à réagir d'une certaine manière à différentes situations. Cela explique pourquoi nous ressentons des symptômes physiques lors de circonstances qui nous font peur. Cela s'appelle une *phobie*. On peut avoir la phobie des souris ou des ascenseurs mais les phobies portent souvent sur la peur des autres ou sont liées au travail. C'est un sujet qui mérite d'être développé et que vous pouvez trouver dans d'autres ouvrages.

Plus simplement dit, si vous avez eu une mauvaise expérience, vous avez vécu un stress. Votre corps a sécrété des substances qui ont produit des effets physiques et je comprends que vous ne vouliez pas repasser par là. C'est comme à la loterie, il y a des gens qui sont facilement stressés et d'autres non.

Le stress

Si vous êtes facilement stressé, vous serez d'autant plus souvent mal à l'aise en société. Votre corps garde la mémoire de cette sensation de gêne, et vous aussi ! En cas d'événement majeur qui vous met sur le devant de la scène, vous êtes persuadé d'être envahi de problèmes d'ordre physique que n'aurait pas quelqu'un d'autre de moins sensible.

En fait, vous avez raison. Comme vous êtes sensible, vous percevez mieux les difficultés et plus vous en êtes conscient, plus vous vous sentez mal. Il n'est donc pas surprenant que votre confiance en ait pris un coup. Même très jeune, on peut prendre conscience de ces problèmes de confiance en soi. C'est le prix à payer pour les personnes sensibles et imaginatives.

Il est possible de vivre ainsi jusqu'à un certain point mais particulièrement au moment de l'adolescence, cela peut devenir très désagréable.

L'adolescence

Quelquefois je me dis que j'aimerais retourner en arrière pour revivre mes jeunes années avec le bénéfice de l'expérience que j'ai acquise. Mon adolescence se déroulerait certainement beaucoup mieux en grande partie parce que je la vivrais avec plus de confiance en moi. C'est notre cas à tous. L'adolescence est difficile parce que nous entrons dans une zone inconnue. Et cet inconnu nous inquiète et nous semble menaçant.

La raison en est que nous commençons à établir des liens avec les membres du sexe opposé. Nous quittons notre bande d'amis au bénéfice de relations exclusives avec un tel ou une telle.

Nous grandissons. Notre vie est faite d'émotions et de sentiments et tomber amoureux, se marier, avoir des enfants est encore la norme. L'adolescence est une étape qui nous prépare à cette vie future.

Cependant, notre estime de nous-mêmes peut être très fragile à cet âge de la vie. Plus tard, on s'habitue à la contradiction et on apprend à la gérer mais quand on est jeune, un rejet peut être vécu douloureusement. Nous avons tous vécu cela et nous en avons tous souffert.

C'est un cercle vicieux. Si vous aviez l'audace de faire le premier pas, il n'y aurait plus de problème. Si vous étiez suffisamment confiant, vous seriez naturel et détendu, et vos rapports avec les autres plus heureux. Encore faut-il avoir au début ce capital de confiance en soi.

Il y a une chose dont vous pouvez être sûr, c'est que tout finira bien pour vous. La confiance s'apprend avec le temps. Et les gens qui en ont été le plus pourvus adolescents ne sont pas nécessairement ceux qui réussiront le mieux par la suite. Ce qui fait la différence, c'est de savoir construire des liens durables et solides, et non pas d'avoir une nuée de copains et de copines.

Pour vous aider, je peux vous dire que la plupart des filles et des garçons sont aussi sensibles que vous et qu'ils ont les mêmes complexes. La solution serait de s'entraider ! Et c'est ce qui arrive généralement quand on a le courage de faire le premier pas.

Si vos problèmes d'adolescence sont plus sérieux que ceux que je viens de décrire, si ce sont de vrais troubles, alors vous devez en parler à quelqu'un. Vos parents sont les plus qualifiés pour vous écouter mais si cela n'est pas possible, allez voir un médecin en qui vous avez confiance ou un de vos professeurs. Vous verrez comme ils auront à cœur de vous aider.

Les maladies du psychisme

Les maladies du psychisme peuvent être très diverses. Elles surviennent toujours sans prévenir. Cela va de l'incident mineur jusqu'à des crises plus graves. Dans tous les cas, la confiance en soi en prend un coup.

L'anxiété ou la dépression sont les manifestations les plus courantes de ce type de trouble. On ne s'y attendait pas et c'est un choc. La première réaction du patient est « Pourquoi moi ? » Il n'y a souvent aucune explication. C'est comme cela. Heureusement, ces états ont leurs propres limites, c'est-à-dire qu'ils finissent par s'arranger avec le temps.

Cependant, le problème est que cet épisode laisse une trace, qu'il fait une brèche dans notre confiance et que la blessure ouverte met du temps à se cicatriser. Il faut s'armer de patience avant de pouvoir se sentir de nouveau sûr de soi, ce qui finit toujours par arriver. Il y a beaucoup de gens comme vous. Ce genre de maladie est plus courant que vous ne croyez. Vous n'êtes en rien différent de ceux qui vous entourent : les autres ont retrouvé confiance en eux et pu reprendre le cours de leur vie comme avant. Il en sera de même pour vous, avec le temps.

Longues maladies

Toutes les maladies longues qui obligent à modifier son style de vie ou à quitter son travail pour longtemps sont sources de problèmes. Vous devez non seulement retrouver votre confiance en vous mais aussi reprendre des forces. Si vous avez eu une crise cardiaque, ou quelque chose d'analogue, il est très important que vous retrouviez votre confiance rapidement et complètement. Vous devez reprendre le cours normal de votre vie le plus rapidement possible.

La santé n'est pas le seul aspect qui pose problème. Vous allez trouver les choses changées à votre retour à la maison ou au travail. Pendant votre absence, quelqu'un a dû prendre les décisions pour vous et vous allez avoir l'impression que votre place n'est plus la même. Cela peut blesser votre confiance en vous. Il vous faut alors travailler à retrouver votre ancienne position tout simplement. Vous verrez que rapidement les autres trouveront cela très normal.

Le chômage

Se retrouver au chômage, quelquefois pour la première fois, est un coup terrible qui peut ébranler votre confiance en vous et saboter votre moral. Même si au début, vous ne remarquez aucune différence, ce sera peut-être votre conjoint qui vous fera la remarque que votre comportement n'est plus tout à fait le même. Vous devenez irritable et mal dans votre peau. Au début, vous pensez retrouver un travail rapidement et avec un peu de chance tout ira bien. Mais, si cela dure, chercher du travail devient plus difficile, et les entretiens une véritable épreuve. Encore une fois votre confiance est atteinte.

Mais il en sera différemment si vous anticipez la difficulté. Votre confiance en vous a besoin d'être cultivée, vous devez y travailler en faisant les exercices indiqués dans ce livre et en continuant vos démarches de candidature même si vous n'avez guère l'espoir de retrouver un poste. L'entraînement et l'expérience ne peuvent qu'être profitables.

Le harcèlement

Tout ce qui procède du harcèlement va détruire votre confiance en vous. Cela peut venir d'un supérieur hiérarchique qui vous critique sans relâche. Ou bien de coups de téléphone obscènes ou d'attentions importunes d'une connaissance. Cela peut même être le fait de votre conjoint. Plus cela dure, plus vous perdez confiance en vous.

La meilleure manière de vous en sortir est de faire face. Dites carrément à cette personne qu'elle vous gêne avant que les choses aillent trop loin. Sinon signalez-la aux autorités compétentes.

Les déménagements

Les déménagements ne sont pas une mince affaire pour tout le monde. Partir, changer d'endroit peut être très traumatisant pour certains, surtout s'il s'agit de déménager pour une autre ville, ou même un autre pays. On doit tout recommencer à zéro, se faire de nouveaux amis et se reconstruire une nouvelle vie. Dans cette situation, l'œuvre du temps est primordiale. Vous pouvez aussi tirer profit des exercices et des techniques présentées dans cet ouvrage.

L'échec

Tous les échecs sont des coups portés à votre confiance en vous. Que ce soit un échec à un examen ou le fait de ne pas obtenir une promotion, il existe toutes sortes d'échecs.

Si vous avez échoué quelque part, demandez-vous pourquoi ? Avez-vous vraiment bien préparé votre démarche ? Si vous n'étiez pas le meilleur candidat, vous avez matière à être déçu mais au moins votre confiance en vous est intacte. Si vous avez failli par manque de confiance en vous, alors vous avez bien besoin de ce livre.

Avoir un enfant

Donner la vie est l'une des plus belles choses que vous puissiez accomplir. Pourtant, même en s'y préparant le mieux possible, il est difficile de tout prévoir et vous aurez toujours l'impression d'être dépassé. C'est une telle responsabilité qu'un sentiment d'incompétence peut vous submerger et ceci est plus vrai encore pour les mères que pour les pères. Heureusement, la nature elle-même remédie à cet état de fait car les tâches d'une nouvelle mère sont si nombreuses qu'il n'y a plus de temps laissé à l'introspection. Là encore, l'anxiété générée pendant l'attente est plus désagréable que la réalité elle-même.

Élever des enfants

Être adolescent est certainement déroutant. C'est encore plus vrai pour les parents d'un adolescent ! Il peut s'avérer bien épuisant de résister au travail de sape auquel les parents doivent faire face devant leur rejeton qui a grandi si vite et s'apprête à franchir le seuil de l'âge adulte... Il faut un capital de confiance en soi bien solide pour y résister.

Le divorce

Un divorce est souvent traumatisant. On éprouve un sentiment de perte, d'injustice, de deuil de ses rêves, et quelquefois de la rancœur. Le divorce distille souvent son lot d'amertume mais ensuite, une fois qu'il est effectif et que vous avez fait la part des choses, il vous faut refaire votre vie d'une autre manière. Vous verrez que les amis que vous aviez fréquentés en couple ne conviendront plus vraiment à votre nouvelle vie de célibataire. La vie après un divorce est très difficile et peut saboter votre confiance en vous.

Répétons-le, tout ceci n'est peut-être pas évident pour vous. Sans doute avez-vous besoin de temps pour prendre conscience du traumatisme que vous avez subi. Avec le temps vous apprendrez à décrypter le genre de situation qui vous pose des problèmes et vous saurez les analyser. La perte de confiance en soi peut tout simplement en être la cause.

Votre confiance va sans doute revenir au fur et à mesure que vous vous faites à votre nouvelle situation. Mais il est possible aussi que vous ayez besoin d'un soutien pour commencer. Attaquez-vous à ce problème maintenant en utilisant la méthode que je vous ai donnée.

Le veuvage

Il touche plus souvent les femmes que les hommes. Chaque couple est concerné car nous ne sommes pas éternels. Il est heureusement impossible aux couples mariés d'imaginer ce que le veuvage veut dire mais quand cela arrive – et cela arrivera – autant que ce soit le moins douloureux possible. Au-delà de la première réaction de peine, vient la phase de reconstruction de votre vie sans votre partenaire.

Si vous avez eu l'habitude de partager toutes les décisions et de vivre tout à deux, vous risquez de vous sentir très seul. Votre confiance en vous risque de voler en éclats. Bien sûr, vous pouvez attendre quelques années que la douleur s'atténue pour retrouver votre assurance, mais vous pouvez aussi décider de prendre le taureau par les cornes et agir pour regagner plus vite votre confiance, et vivre votre vie tout simplement.

Détermination

Vous pouvez réagir aux événements de la vie de deux façons : soit vous restez passif et vous subissez et cela n'est pas très valorisant ni agréable, soit vous vous livrez à une analyse de vos problèmes dans le but d'y changer quelque chose et vous vous sentirez beaucoup mieux. Cela exige une grande détermination parce que les techniques que je vous ai données ne sont pas simplistes. Mais vous avez maintenant entre les mains la clé pour résoudre vos problèmes. Cela vaut le coup de vous préparer activement à partir à l'assaut. Commençons tout de suite.

Comment trouver en vous la confiance nécessaire pour faire face aux situations que vous redoutez particulièrement. Nous allons voir cela en tournant la page.

10

Faire face à des situations difficiles

NOUS AVONS QUELQUEFOIS à faire face à des situations difficiles. Imaginons, par exemple, que l'on vous demande de venir sur une scène, de parler à la radio ou d'apparaître à la télévision, cela vous donnerait des crampes à l'estomac et d'autres sensations bizarres. C'est tout à fait normal. Certaines personnes appréhendent des situations que les autres trouveraient très banales. Comme pour beaucoup de choses, il n'y a pas de *normalité* en la matière.

Pourtant, il faut bien faire face car nous ne pouvons pas toujours éviter ces situations, même si nous savons que nous n'allons pas paraître à notre avantage. Nous allons voir comment nous pouvons nous sortir de là.

Préparation

Je présume que vous avez bien suivi les conseils des chapitres précédents, que vous avez pratiqué régulièrement les exercices de relaxation et donc que vous avez atteint un niveau qui vous permet d'y recourir en cas d'urgence. Vous disposez là d'une arme secrète ! Dans le cas contraire, voici un truc pour vous aider. Si, dans un endroit public, vous commencez à sentir la nervosité monter en vous, essayez de dormir ! Cela paraît bizarre, évidemment, mais cela signifie simplement que vous devez faire comme si vous alliez vous reposer, et donc vous caler confortablement dans votre siège et vous laisser aller.

L'état qui précède l'endormissement est exactement celui que vous essayez d'atteindre, c'est-à-dire un apaisement général. Je vous indique ici un raccourci, ce n'est pas l'idéal, mais cela peut vous dépanner en cas de besoin.

Il n'y a rien de mieux qu'une bonne préparation. Et ne me demandez pas pourquoi vous en avez besoin tandis que les autres arrivent au même résultat sans effort ! Les autres ont d'autres problèmes et ils doivent également retrousser leurs manches pour les régler. Après tout, peut-être font-ils eux aussi des séances de répétition devant *leur* glace ! Dans la mesure où vous éprouvez de l'appréhension, veillez à y remédier. Le plus tôt sera le mieux.

Période de recherche

C'est maintenant le moment d'appliquer la méthode que j'ai évoquée au début de ce livre. Trouvez votre sujet, faites des recherches. Demandez aux autres quel événement choisir. Allez voir les lieux auparavant pour que l'endroit vous semble familier, le jour venu. Trouvez la liste des gens présents.

Vous pouvez faire ces démarches pour une fête entre voisins aussi bien que pour une passation officielle de commandement. Vous ne serez jamais trop bien préparé.

Nous allons regarder comment utiliser ces techniques en passant en revue les situations les plus délicates.

Traitement médical

Avant d'aller plus loin, je voudrais faire une parenthèse en ce qui concerne les médicaments. En tant que médecin de famille, je rencontre beaucoup de patients qui attendent que je leur prescrive des médicaments. Ils pensent que c'est la solution à leur problème. C'est parfois vrai et je n'hésite pas à préconiser une médication dans le cas où mon patient n'a pas le temps matériel d'apprendre les techniques que je décris dans ce livre. Mais je reste persuadé que ces techniques sont la seule méthode efficace à long terme pour lutter victorieusement contre les troubles liés au manque de confiance en soi.

Les médicaments n'ont pas vraiment leur place dans le traitement de ces problèmes. Il existe des types de médicaments qui peuvent à la rigueur soulager quelque temps mais ils doivent être utilisés avec beaucoup de prudence. Certains médecins sont d'ailleurs carrément hostiles à leur utilisation pour ce genre de difficultés.

Si vous êtes sûrs que vous avez besoin de tranquillisants, par exemple, il est impératif que vous fassiez un essai avant toute utilisation *in situ* pour avoir le temps de tester les éventuels effets secondaires. Sinon, vous risquez tout simplement de vous endormir pour de bon le jour J. Soyez bien convaincu que les médicaments ne sont pas la panacée. Prudence, prudence… Passons maintenant à l'examen de ces fameuses situations difficiles.

Prise de parole en public

Un jour ou l'autre, chacun peut avoir à prononcer un discours. Cela peut aller de quelques mots d'accueil à des allocutions régulières en public, ce qui peut devenir problématique.

La prise de parole en public est du même ordre que l'expression théâtrale, sauf que vous jouez votre propre personnage. Le truc, c'est de bien s'y préparer. Vous devez être sûr que si vous avez un blanc, vous pouvez passer instantanément sur « pilotage automatique » et que personne n'y verra rien.

Cela signifie concrètement que vous devez écrire votre discours et, si possible, l'apprendre par cœur. Cela veut dire aussi le répéter devant votre miroir, l'enregistrer sur une cassette et vous écouter sans relâche.

Cela implique que vous maîtrisiez votre tempo et que vous sachiez faire des pauses pour permettre à votre public de rire à vos blagues. En ce qui concerne les plaisanteries, n'hésitez pas à les tester avant sur vos amis. Rien ne doit être laissé au hasard, tout doit être répété consciencieusement.

Rédigez des fiches qui vous serviront d'aide-mémoire. Il est impossible de se cantonner à la lecture d'un discours, mais il faut bien avoir quelques points de repère. Les notes, pour être efficaces doivent être bien espacées avec des titres soulignés de manière à vous y retrouver rapidement si vous avez un trou de mémoire. Vous pouvez marquer les différents endroits où il vous est possible de conclure si votre public s'impatiente. Il faut aussi être en phase avec l'auditoire. S'il s'agit de répliquer à un autre orateur, notez les mots-clés de vos arguments avec le crayon que vous n'aurez pas oublié d'emporter avec vous !

Si vous donnez une conférence, pourquoi ne pas envisager des outils pédagogiques comme des transparents, des diapositives, des tableaux, un PowerPoint que vous pouvez projeter et qui relèveront la présentation tout en distrayant votre auditoire. Plus le public sera content, plus vous serez détendu.

Ne parlez pas trop longtemps ! Pensez à tous ces gens dans l'assistance qui sont tendus, et mal à l'aise !

Les cérémonies

Les mariages, les remises de décoration et tous ces événements officiels peuvent vous être pénibles, même si vous faites seulement partie des invités. Toutes ces convenances vous indisposent. En fait, l'atmosphère de dignité de ces cérémonies protocolaires est exactement le but recherché qui est de donner à l'événement un air de solennité approprié à la cérémonie.

Quand vous y assistez, vous devez participer de manière passive, même quand vous êtes concerné. C'est normal pour une cérémonie. Le silence et la retenue requis pour l'occasion peuvent vous poser problème et vous paraître plus difficile à supporter que d'avoir un rôle actif.

Rester passif et tranquille peut être un défi également pour vous et quelquefois plus difficile que d'avoir un rôle actif. Mais au moins vous savez à quoi vous attendre et vous pouvez utiliser toutes les techniques que vous avez apprises. Comme toujours, ne vous inquiétez pas d'avance, une fois que vous y serez, tout se passera comme prévu et vous n'aurez qu'à suivre le tapis rouge.

Le permis de conduire

Ce défi-là est très différent du précédent en cela que vous devez agir. Vous devez faire une bonne prestation malgré le stress de l'examen.

Vous avez eu de nombreuses répétitions, votre moniteur vous a bien préparé. Il vous a donné les petits trucs pour réussir. Et pourtant nombreux sont ceux qui ratent cet examen uniquement par manque de confiance en eux. Ils se font du tort à eux-mêmes, et c'est très dommage. Certains ratent du fait d'un apparent excès de confiance, mais ceci est une autre histoire.

Quand on passe cet examen, on doit se préparer non seulement à conduire mais également à l'épreuve supplémentaire qui est de conduire sous l'œil d'un examinateur critique. La seule façon de faire est d'utiliser votre imagination. Vous rappelez-vous l'exercice qui consiste à s'asseoir dans un bon fauteuil et à se voir en pensée dans les situations les plus désagréables ? Révisez ainsi mentalement l'épreuve de conduite autant de fois que vous le souhaitez avant le jour J. La perfection s'acquiert avec de l'entraînement.

Les examens

En vieillissant, nous n'avons plus à passer d'examens, du moins était-ce le cas jusqu'à maintenant. Mais ça ne l'est plus aujourd'hui, à notre époque de formation continue et, même à la retraite, il arrive que nous ayons des examens à passer. Il n'est jamais trop tard pour entamer un cursus universitaire.

Beaucoup de gens pensent qu'ils font des contre-performances à l'examen à cause de leur manque de confiance en eux. Heureusement, le contrôle continu diminue de plus en plus l'impact de l'épreuve d'examen. Cependant, cette pratique perdure.

Un bon conseil : ne vous dopez pas aux médicaments avant un examen. Votre but n'est pas de faire une contre-performance. Préparez-vous comme d'habitude. Rappelez-vous qu'en salle d'examen, vous avez plus de temps que vous ne croyez, ne vous hâtez-pas. Avant d'écrire, faites une pause de cinq minutes, mettez-vous en condition, et détendez-vous. Ensuite, quand vous vous sentez prêt, prenez un rythme de travail régulier et faites de votre mieux.

L'interview

Si les interviews sont une source de stress pour vous, il peut vous être utile de savoir à l'avance comment cela va se passer. La formule la plus simple consiste à se retrouver en présence d'un ou deux journalistes seulement. Ils vous poseront quelques questions pertinentes sur vous et vos occupations. Vous serez assis confortablement et prendrez votre temps pour répondre honnêtement et calmement à leurs questions.

Les autres formules sont plus complexes. En cas d'interview important pour votre carrière ou pour un nouveau poste, les chasseurs de tête essaieront peut-être de vous déstabiliser. Leur truc est d'être deux face à vous : un gentil et un méchant. Le gentil vous posera des questions gentilles et le méchant des questions méchantes. Si vous êtes averti, vous décrypterez facilement leur petit jeu et vous ne serez pas surpris.

Les témoignages judiciaires

Personne n'aime se rendre au tribunal, excepté les avocats et les juges qui sont payés pour le faire. Les tribunaux sont des endroits impressionnants et même le fait d'être convoqué comme juré peut être difficile. Tout ce que vous avez à faire, c'est d'être vous-même, mais comme cela exigera beaucoup d'efforts de votre part, prenez le temps de bien vous préparer. Les tribunaux de la vie réelle ressemblent tout à fait à ceux du cinéma, ce sont les juges et les avocats qui sont différents.

Le juge sera probablement très compréhensif et votre avocat vous encouragera. Cependant, comme dans le cas d'une interview, une séance au tribunal relève d'une certaine mise en scène. L'avocat de la partie adverse vous fera peut-être son grand jeu. Son rôle est de vous déstabiliser pour que vous ayez l'air d'un idiot, ou d'un abruti (voire les deux !). Rappelez-vous que tout le monde au tribunal, y compris le juge, connaît la chanson. Aussi mieux vaut rester soi-même. Répondez honnêtement et ce sera au tour de l'avocat d'avoir l'air excité ou incompétent. Il n'y a rien de plus désarmant qu'une honnêteté sans fard.

Les voyages

S'éloigner de chez soi est quelquefois difficile à vivre. Les voyages sont une épreuve pour certains, surtout les en avion. Il est vrai que ces mastodontes ailés sont plutôt impressionnants, surtout quand on pense qu'il n'est pas possible de les arrêter pour descendre en vol si on le souhaite.

Pourtant, une traversée en avion constitue une excellente occasion de se détendre et de pratiquer les exercices de relaxation. Une chose dont vous pouvez être sûr, c'est que dans la mesure où vous avez embarqué à bord, vous irez jusqu'au bout. La difficulté tient surtout au début du voyage. Entraînez-vous à la maison pendant vos exercices. Rendez-vous à l'aéroport et faites un petit tour d'inspection. Certaines compagnies aéronautiques ont organisé des cours pour les passagers qui ont peur des vols en avion. Répétez-vous le scénario mentalement, achetez-votre billet sans faiblir et montez hardiment à bord.

Les rapports sexuels

Je ne m'étends généralement pas sur ce sujet qui est abondamment traité dans d'autres ouvrages. Il est important de rappeler cependant que la sexualité fait partie de la vie, une partie importante, nécessaire à notre épanouissement, mais également très délicate et sensible. Nous avons besoin d'être confiants en nos capacités pour y trouver toutes les satisfactions que nous sommes en droit d'espérer.

Si vous avez des problèmes quelconques dans ce domaine, vous trouverez les techniques que je vous ai enseignées très utiles. Cela ne doit pas vous dispenser d'aller consulter un médecin spécialiste ou de vous documenter en lisant des ouvrages bien informés. Vous pouvez vous renseigner sur internet sur les éditeurs ou les collections qui traitent de ces sujets et les commander par la poste ou sur internet.

Nous allons examiner maintenant les attitudes mentales qui contribuent à votre manque de confiance.

11

Décryptage de nos attitudes mentales

JUSQU'ICI NOUS AVONS abordé concrètement différents moyens qui permettent de renforcer la confiance en soi en évitant soigneusement de donner des conseils gratuits sur la manière de penser pour la bonne raison que les pensées ne se contrôlent pas. On peut essayer de *penser* de façon positive mais il est encore beaucoup plus constructif d'*agir* de façon positive. On peut y arriver quels que soient les sentiments de malaise intérieur qui nous envahissent.

C'est possible avec de l'entraînement. Nous pouvons dominer ces sentiments.

Cela ne nous dispense pas de jeter un œil critique sur la manière d'aborder les choses.

Notre attitude par rapport à nous-mêmes

Il y a quelques années, c'était à la mode de parler de *complexe d'infériorité*. C'était commode de dire : « Madame Untel a un complexe » ou « je souffre d'un complexe » même si le sens demeurait un peu obscur. En fait, derrière ce terme mal défini, les gens cherchaient simplement à exprimer leur malaise à l'idée de valoir moins que les autres.

Nous nous sentons toujours inférieur à quelqu'un, c'est normal. Certaines personnes ont une autorité naturelle qui les place au-dessus de la mêlée. Il y a cependant une différence entre respecter l'autorité d'un chef et se sentir inférieur *à tout le monde*, ce qui révèle un problème psychologique réel. Personne ne tombe à cent pour cent dans cette catégorie car nous trouvons toujours en nous-mêmes une bonne raison de nous estimer. Le problème est plutôt que nous avons du mal à nous regarder avec suffisamment de bienveillance.

Quel regard portons-nous sur nous-mêmes ?

La psychologie nous a appris que nous avons bien souvent de nous-mêmes une image déformée.

Ce qui signifie que même si nous pensons avoir une relative bonne opinion de nous-mêmes, nous avons tout faux. Nous sommes bien plus capables, bien meilleurs, et bien plus habiles socialement parlant que nous le *pensons*.

Nous nous sous-estimons complètement. Comment en arrive-t-on là ?

Un scénario possible est que nous avons tiré de mauvaises conclusions d'une série d'expériences malheureuses. Nous avons culpabilisé sans nous rendre compte que nous n'y étions pour rien. Nous avons cru à tort qu'à la prochaine occasion, la même expérience se répéterait et, au bout de quelques années, nous sommes convaincus que nous ne valons pas grand-chose.

Une autre possibilité, c'est que nous tirions un bénéfice à jouer le rôle de quelqu'un au-dessous de nos capacités réelles. Cela nous épargne des efforts ! Peut-être aussi que si nous nous sentons mal dans certaines situations, nous résolvons le problème en nous persuadant qu'il n'y a aucun intérêt pour nous à faire cela : « Ce n'est pas pour moi. Ils sont meilleurs que moi, laissons-les faire ! »

Vous pouvez parfaitement réagir ainsi sans vous en rendre compte. Aussi, rappelez-vous que vous aviez juré de faire toute la lumière sur vous-même. C'est le moment d'accomplir cette démarche de vérité.

Quelles sont nos capacités ?

Comment évaluer ce que nous pouvons réellement faire ? Comment nous juger à notre véritable valeur ? Ce n'est guère facile de remettre à plat notre manière de penser mais c'est la seule façon de nous y prendre. Sinon, nous continuerons à vivre avec cette image déformée de nos capacités et nous nous censurerons nous-mêmes. À la limite, avec cette attitude, nous pourrions passer à côté de nos rêves les plus chers : faire la connaissance de la personne avec qui nous aimerions partager notre vie ou demander la promotion qui nous épanouirait au travail. Convenez avec moi qu'il vaudrait mieux éviter de tomber dans ce travers. Ce serait vraiment triste de ne pas réagir. Mais comment réagir justement ?

Nous avons vu que la société est une organisation naturellement hiérarchique où chacun trouve sa place. Il suffit de la trouver.

La difficulté réside dans l'auto-évaluation que chacun fait de son rôle, certains en effet prennent trop de place aux dépens des autres. Ils réussissent apparemment dans un premier temps mais ils sont mal acceptés et sur le long terme ils réussiront moins bien que vous qui, au contraire, aurez su trouver votre juste place après avoir résolu vos problèmes.

Votre but est donc maintenant de mieux vous connaître, de vous étudier de plus près en vous comparant à ceux qui vous entourent.

Comparons-nous aux autres

Prenez un papier et un crayon et réfléchissez. Commencez par faire la liste de vos relations et de vos proches. Vous pouvez faire figurer des femmes et des hommes, la comparaison porte uniquement sur les personnes, indépendamment de leur sexe !

Ensuite, dans le sens horizontal, inscrivez les qualités qui vous semblent importantes. Voici quelques suggestions pour vous donner des idées : présentation, sens de l'humour, esprit d'analyse ou de synthèse, honnêteté, dynamisme, fidélité…

Votre liste peut être aussi longue que vous voulez, c'est vous qui décidez. L'important est que vous y mettiez beaucoup de vous-même.

Maintenant donnez une note sur 10 à chacune des personnes de votre liste en essayant d'être le plus précis possible. Prenez votre temps, réfléchissez bien.

Enfin, quand vous aurez terminé, ajoutez votre nom et faites pour vous ce que vous avez fait pour les autres. Évaluez-vous le plus soigneusement possible, personne d'autre que vous ne verra cet exercice. Soyez très honnête. Je parie que votre score ne sera pas si mauvais que vous l'auriez cru.

Si votre score est mauvais, qu'allez-vous faire ? Rester les bras ballants ? Bien sûr que non, vous allez réagir et vous allez forcément gagner des points.

En fait, le but de cette opération est de vous faire découvrir qui vous êtes vraiment. Pour que votre vraie personnalité puisse s'épanouir au grand jour, vous devez enfin devenir votre meilleur ami !

Dédramatiser les situations

J'arrive maintenant à la partie la plus importante de ce livre et ce que j'ai à vous dire va vous réjouir et vous aider énormément. Il faut dédramatiser tout simplement.

Je m'explique : lorsque nous sommes en situation de manque de confiance, nous passons notre temps à imaginer les pires scénarios, du genre : que va-t-il m'arriver si j'ai un trou de mémoire pendant mon discours aux étudiants ? Et si cette fille refuse de sortir avec moi ? Et si je m'évanouissais ? Et si je devais tomber dans les pommes et être obligé de quitter la salle de conférence ? Et si personne ne rit à ma blague ? Et si, et si...

Vous connaissez la réponse ? Il ne se passera *rien du tout !*

Vous avez trop d'imagination. Vous imaginez les plus funestes conséquences à la moindre de vos actions. La catastrophe vous pend au nez. Le désastre est imminent. Vous ne supportez pas l'idée du moindre petit accroc, d'un petit raté ici ou là. Regardons ensemble ce qui se passerait si vous aviez un trou de mémoire pendant votre discours aux étudiants.

Vous plongez dans vos notes, après un petit silence. Vous respirez. Vous buvez une gorgée d'eau. Vous souriez à l'assistance avant de reprendre le fil. Personne, ou à peu près, n'a rien remarqué d'anormal dans le fait que vous fassiez une pause. Et même si vous aviez perdu contenance, vous seriez toujours en vie et en pleine forme le lendemain.

Pour la demoiselle qui a refusé vos avances, que va-t-il se passer ? Eh bien, il faudra vous tourner vers une autre, tout simplement. Vous ne seriez pas le premier à qui c'est arrivé et le monde ne s'est pas arrêté de tourner pour autant.

Aussi, la prochaine fois que vous vous inquiéterez à l'avance, demandez-vous ce qui arriverait en cas de problème et allez jusqu'au bout de votre idée. Par exemple, si vous avez peur de ne pas pouvoir rester jusqu'à la fin de la réunion, demandez-vous ce qui se passerait si cela arrivait vraiment. Les gens le remarqueraient sûrement. Que penseraient-ils ? Ils penseraient que vous êtes indisposé. Cela vous gêne-t-il ? Les gens peuvent penser que vous avez eu trop chaud ou que vous avez mal digéré votre repas.

Continuez à raisonner ainsi. Fâchez-vous, criez contre vous-même. Réagissez et cherchez toutes les conséquences de ce que vous pensez être une catastrophe jusqu'à ce que vous soyez certain que, finalement, ce ne serait pas si catastrophique que cela, après tout. Il est possible de dédramatiser. C'est ce qu'il y a de plus important.

Où en est votre confiance en vous maintenant ? Nous allons faire le point.

12

Bilan

Ce n'est pas avec des idées que l'on améliore sa confiance en soi, c'est avec des exercices pratiques. Il ne s'agit pas de théories, mais de faits. Si vous faites des efforts, si vous y mettez le temps, vous savez que vous pouvez augmenter votre confiance en vous. Le temps, vous l'avez, mais votre détermination est-elle suffisamment solide ?

Résumons-nous. Vous avez fait des exercices écrits et des séances de relaxation. Puis, vous vous êtes préparé soigneusement en vue de ces moments cruciaux que vous redoutez, mais qui, pour d'autres personnes, ne poseraient pas de problème. Vous n'oubliez pas de veiller à votre forme physique. Enfin, vous êtes prêt à travailler plus que les autres pour atteindre votre objectif.

Je ne vous promets pas que ce sera facile, mais je vous assure du résultat. Cependant, c'est vous qui décidez si le jeu en vaut la chandelle. Maintenant vous connaissez le chemin que vous devez emprunter si vous désirez résoudre votre problème. Vous avez le choix. Vous n'êtes plus une victime.

Beaucoup de gens essaient de s'attaquer à ce problème et sont prêts à faire n'importe quoi pour se débarrasser de ce véritable fardeau qu'est le manque de confiance en soi. Malheureusement, ils se heurtent vite à des obstacles qu'ils avaient sous-estimés. La confrontation avec la réalité est toujours délicate. Ne vous attendez pas à ce que ce soit simple. Il est toujours difficile de passer de la théorie à la pratique.

Soyez prêt à cela, car vous allez faire un effort énorme et il y aura des jours où vous douterez. Vous serez tenté de vous dissiper, de sauter une séance de relaxation « pour une fois », et de laisser tomber à la première déconvenue. C'est normal.

La persévérance est primordiale. N'hésitez pas à demander à la personne la plus proche de vous de vous soutenir. Ne restez pas seul dans votre combat. Vous aurez besoin d'être encouragé. Bien sûr, il ne s'agit pas d'étaler votre vie privée à tout le monde. La plupart des gens ne comprendraient d'ailleurs pas, ils réagiraient mal ou feraient même semblant de ne pas être intéressés, s'ils ont la même fragilité que vous.

Et arrêtez de croire que vous êtes seul dans votre cas. Je peux vous assurer que j'ai vu défiler dans mon cabinet des centaines de patients qui viennent avec leurs problèmes. Personne n'est épargné, absolument personne, pas même les meilleurs d'entre nous. Ce n'est facile pour personne.

Un jour, par exemple, dans un meeting, une de mes amies se trouvait assise à côté d'un ancien Premier ministre. Elle ne put s'empêcher de remarquer qu'il tremblait de tous ses membres ! Mais dès que son tour fut venu de prendre la parole, il retrouva une parfaite maîtrise de lui-même, comme si de rien n'était. Beaucoup de présentateurs télé ont des troubles physiques liés au trac et doivent faire un travail sur eux-mêmes pour s'en débarrasser. Dans la vie, il y a l'être et le paraître. C'est ainsi pour tout le monde. L'important est d'être honnête, de *ne pas se mentir à soi-même*.

La méthode que je vous ai décrite dans ce livre n'est pas forcément à prendre au pied de la lettre. Ne vous croyez pas obligé de l'appliquer de façon stricte, adaptez-la à votre personnalité si besoin. Dans la mesure où vous en respectez les différentes étapes, vous pouvez aménager les modalités à votre cas particulier. N'ayez pas peur d'innover, vous connaissez votre objectif et vous pouvez avoir de bonnes idées.

Rappelez-vous cependant de ne pas forcer. Allez à votre rythme, sans brûler les étapes. Sinon, vous vous exposez à des déconvenues. Prenez votre temps. Laissez votre projet mûrir et se développer, vos idées vont naturellement se préciser et vous saurez comment agir le moment venu.

Dites-vous bien aussi qu'il n'y a rien de définitif dans la vie. Il y a toujours de l'espoir. Avec l'âge et l'expérience, sauf accident de la vie, la sérénité progresse aussi. À 35 ans, on se laisse moins facilement désarçonner par une vendeuse zélée qu'à 20 ans. Tout ce que vous avez réalisé jusqu'ici dans la vie, une œuvre accomplie ou un choix assumé, vous a rendu plus responsable et plus confiant dans vos capacités. Il n'y a pas de fatalité. Mais n'attendez pas que la vie fasse les choix à votre place. Comme le dit le bon sens populaire : « Aide-toi, le ciel t'aidera ! »

Je parie que vous allez être surpris par ce qui va vous arriver, une fois que vous aurez enclenché la première vitesse. La confiance attire la confiance et vos relations aux autres vont certainement en être transformées radicalement.

Si vous avez un accident de parcours, ne paniquez surtout pas. Ce n'est pas un retour à la case départ. Tout le travail que vous avez fait sur vous-même est toujours là et la prise de conscience que vous avez acquise est le moteur de votre action. Vous êtes juste en panne d'essence ! Vous allez continuer à progresser dès que vous reprendrez la route.

Votre objectif est uniquement de faire évoluer votre confiance en vous. Ce n'est pas de changer de personnalité, ne vous trompez pas de combat. Quand vous aurez suffisamment repris confiance en vous, vous allez déborder de bienveillance et de gentillesse envers les autres et cela va se voir !

Les gens qui ont l'air guindés et froids sont souvent des gens qui se protègent. Ils ne sont pas sûrs d'eux-mêmes et se protègent ainsi en mettant des barrières de protection. Ils ont peur de laisser deviner leurs émotions.

Vous devez faire confiance aux autres. Au fond, nous avons tous besoin que l'on nous fasse confiance et nous sommes, dans notre très grande majorité, dignes de cette confiance, alors pourquoi se priver d'une telle richesse ? Il vaut mieux être déçu de temps en temps que de ne jamais faire confiance à personne, n'est-ce pas ?

Enfin, dans cette démarche, vous avez tout à gagner et rien à perdre. Pourquoi se satisfaire du moins quand on peut avoir le meilleur ? Les exercices pratiques contenus dans ce livre vont vous aider à devenir ce que vous êtes réellement. Mais ils ont leurs limites car c'est vous qui possédez la clé du succès et cette clé s'appelle le courage. Tel Rastignac se lançant à l'assaut de Paris, il vous faudra le courage de vos ambitions pour vous risquer dans un monde dangereux.

Mais le monde est une scène où vous avez votre rôle à jouer. Si vous augmentez votre confiance en vous, vous aurez une vie riche de toutes ces expériences qui vous attendent. Décidez-vous et persévérez dans votre choix. Vivez-la à cent pour cent, cette vie. On ne vit qu'une fois… n'en déplaise à M. Bond !

Bonne chance, ami lecteur !

Table des matières

DÉCOUVREZ AUSSI, AUX ÉDITIONS QUOTIDIEN MALIN

10 étapes pour une vie positive

Windy Dryden

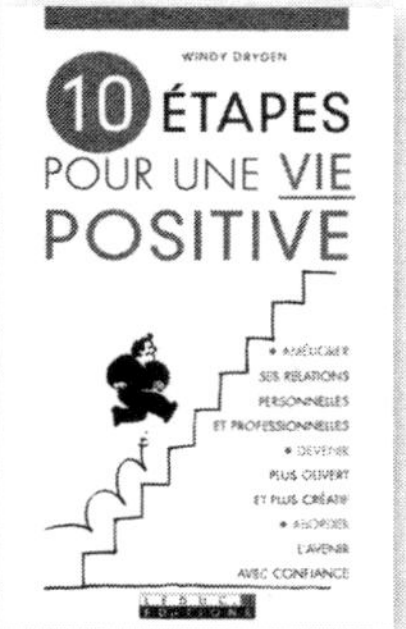

Chassez vos idées noires et prenez la vie du bon côté !

Pour retrouver le sourire, il faut apprendre à adopter un état d'esprit positif face aux situations de la vie. Dans ce livre, découvrez la méthode simple et efficace pour avoir confiance en vous, améliorer vos relations avec les autres, devenir plus ouvert, et aborder l'avenir avec sérénité.

ISBN : 978-2-84899-500-7
Format : 11 × 17,8 cm
Pages : 160
Prix : 6 euros

Vous voudriez recevoir notre catalogue par la Poste ? On vous l'enverra avec grand plaisir. Il vous suffit de photocopier, recopier ou découper ce formulaire et nous le retourner complété à :

Éditions Leduc.s, 17 rue du Regard, 75006 Paris

NOM : ....

PRÉNOM : ....

ADRESSE : ....

....

CODE POSTAL : ....

VILLE : .... PAYS : ....

Si vous souhaitez être tenu au courant de nos publications et de l'actualité de nos auteurs, et/ou recevoir notre catalogue au format PDF, complétez les champs ci-dessous :

E-MAIL : .... @ ....

Nous souhaiterions mieux vous connaître :

Quelle est votre ANNÉE DE NAISSANCE : ....

et votre PROFESSION : ....

Magasin dans lequel vous avez acheté ***Les vraies clés de la confiance en soi*** :

....

Nous sommes à votre écoute : faites-nous part de toutes vos suggestions et votre avis sur le livre que vous venez de lire :

....

....

....

....

À .... LE ....

MERCI ET À BIENTÔT !

Vous pouvez aussi répondre au formulaire disponible sur Internet : **www.editionsleduc.com** ou prendre contact avec notre service client à **info@editionsleduc.com**.

Achevé d'imprimer en Espagne
par Black Print CPI Ibérica S.L.
Sant Andreu de la Barca (08740)

Dépôt légal : novembre 2013